SIGA O LÍDER
(COMO SER UM ÓTIMO FUNCIONÁRIO, NUNCA SER DEMITIDO E CONQUISTAR TODAS AS PROMOÇÕES)

Catalogação na Fonte
Elaborado por: Josefina A. S. Guedes
Bibliotecária CRB 9/870

S741c
2019
	Specht, Ismael
	  Siga o líder: como ser um ótimo funcionário, nunca ser demitido e conquistar todas as promoções / Ismael Specht. - 1. ed. – Curitiba : Appris, 2019.
	  161 p. ; 21 cm
	
	  Inclui bibliografias
	  ISBN 978-85-473-2917-4
	
	  1. Satisfação no trabalho. 2. Autorrealização – Trabalho.
	  3. Sucesso – Aspectos psicológicos. I. Título. II. Série.

CDD – 158.7

Livro de acordo com a normalização técnica da ABNT

Editora e Livraria Appris Ltda.
Av. Manoel Ribas, 2265 – Mercês
Curitiba/PR – CEP: 80810-002
Tel: (41) 3156 - 4731
www.editoraappris.com.br

Appris *editora*

Printed in Brazil
Impresso no Brasil

Ismael Specht

SIGA O LÍDER
(COMO SER UM ÓTIMO FUNCIONÁRIO, NUNCA SER DEMITIDO E CONQUISTAR TODAS AS PROMOÇÕES)

Editora Appris Ltda.
1.ª Edição - Copyright© 2019 dos autores
Direitos de Edição Reservados à Editora Appris Ltda.

Nenhuma parte desta obra poderá ser utilizada indevidamente, sem estar de acordo com a Lei nº 9.610/98. Se incorreções forem encontradas, serão de exclusiva responsabilidade de seus organizadores. Foi realizado o Depósito Legal na Fundação Biblioteca Nacional, de acordo com as Leis nos 10.994, de 14/12/2004, e 12.192, de 14/01/2010.

FICHA TÉCNICA

EDITORIAL	Augusto V. de A. Coelho
	Marli Caetano
	Sara C. de Andrade Coelho
COMITÊ EDITORIAL	Andréa Barbosa Gouveia (UFPR)
	Jacques de Lima Ferreira (UP)
	Marilda Aparecida Behrens (PUCPR)
	Ana El Achkar (UNIVERSO/RJ)
	Conrado Moreira Mendes (PUC-MG)
	Eliete Correia dos Santos (UEPB)
	Fabiano Santos (UERJ/IESP)
	Francinete Fernandes de Sousa (UEPB)
	Francisco Carlos Duarte (PUCPR)
	Francisco de Assis (Fiam-Faam, SP, Brasil)
	Juliana Reichert Assunção Tonelli (UEL)
	Maria Aparecida Barbosa (USP)
	Maria Helena Zamora (PUC-Rio)
	Maria Margarida de Andrade (Umack)
	Roque Ismael da Costa Güllich (UFFS)
	Toni Reis (UFPR)
	Valdomiro de Oliveira (UFPR)
	Valério Brusamolin (IFPR)
ASSESSORIA EDITORIAL	Isabela do Vale Poncio
REVISÃO	Pamela Patrícia Cabral da Silva
PRODUÇÃO EDITORIAL	Bruno Ferreira Nascimento
ASSISTÊNCIA DE EDIÇÃO	Suzana vd Tempel
DIAGRAMAÇÃO	Jhonny Alves dos Reis
CAPA	Matheus Miranda
COMUNICAÇÃO	Carlos Eduardo Pereira
	Débora Nazário
	Karla Pipolo Olegário
LIVRARIAS E EVENTOS	Estevão Misael
GERÊNCIA DE FINANÇAS	Selma Maria Fernandes do Valle

SUMÁRIO

INTRODUÇÃO - SEJA O FUNCIONÁRIO QUE TODAS AS EMPRESAS QUEREM TER..7

NÃO PENSE FORA DA CAIXA 15

MUDAR DE PROFISSÃO DENTRO DA MESMA FUNÇÃO E DA MESMA EMPRESA...21

BUSCAR BENEFÍCIOS QUE NÃO SEJAM APENAS FINANCEIROS..27

COMO PEDIR UM AUMENTO DE SALÁRIO 33

O BONZINHO MORRE COITADINHO.....................................45

NÃO BASTA TRABALHAR MAIS, É PRECISO TRABALHAR COM INTELIGÊNCIA 53

FAÇA O QUE VOCÊ AMA OU FAÇA COM AMOR 61

SER FUNCIONÁRIO É MUITO MAIS FÁCIL DO QUE SER CHEFE...71

NÃO DESTRUA PONTES 75

E O ESTRESSE?...83

NOSSAS FALHAS 91

SORRIA SEMPRE 99

NETWORKING - CONHEÇA AS PESSOAS E SEJA CONHECIDO
POR ELAS 105

ESTUDE MUITO 113

CUIDE DE SUAS FINANÇAS 119

NÃO RECLAME 127

SEJA UMA PRESENÇA AGRADAVELMENTE NOTADA 133

ACORDE ÀS CINCO DA MANHÃ 139

TRABALHAR É MUITO BOM 143

TENHA SEMPRE UM PLANO B 147

TER CARÁTER 155

MEUS LÍDERES: 159

INTRODUÇÃO

SEJA O FUNCIONÁRIO QUE TODAS AS EMPRESAS QUEREM TER

Se eu fosse o dono de um negócio, eu com certeza gostaria de poder contar com funcionários engajados em fazer acontecer. Especialmente se esse fosse um novo empreendimento, onde os riscos são muito altos. Abrir qualquer empresa não é fácil. Eu sei disso porque eu mesmo nunca tive coragem de abrir uma. Entretanto eu sempre tive exemplos de familiares e amigos que abriram o próprio negócio, portanto eu conheço de perto os desafios. Era comum eu reclamar das horas de trabalho até descobrir que donos de empresa geralmente trabalham vinte e quatro horas por dia, sete dias por semana; isso porque eles podem até não estar trabalhando, mas o trabalho não sai da cabeça deles. É muito comum os empreendedores terem dificuldades para dormir à noite, pois na manhã seguinte terão que resolver algum problema que afeta a vida da empresa e de muitas pessoas. É por essas e outras razões que eu sempre preferi ser funcionário. Entretanto, eu não queria ser apenas qualquer funcionário, eu queria muito ajudar as empresas por onde eu passei a alcançarem sucesso. No entanto, eu percebo que muitos colaboradores dentro das empresas não encaram as coisas pelo mesmo ângulo que eu. Muitos de nós não percebemos a importância do nosso trabalho para as empresas, para os nossos chefes, e principalmente, para nós mesmos. E ao contrário do que muitos pensam, os nossos chefes não querem só tirar vantagem do nosso trabalho; muito pelo contrário, os nossos gerentes estão loucos para nos ajudar a crescer. Os chefes amam aqueles funcionários engajados em fazer o negócio evoluir, e querem compartilhar com eles os resultados do crescimento. Infelizmente muitos trabalhadores perdem a chance de crescer nas empresas por não se darem conta disso, e muitas vezes acabam colocando a culpa nos chefes. Eu mesmo muitas vezes pisei na bola com meus gerentes por não saber a melhor forma de agir. Eu sou formado em Administração e nunca tive uma aula sobre como ser um bom funcionário. Sempre me falaram apenas sobre como ser um grande líder.

Com o passar do tempo passou a me incomodar ver nas estantes das livrarias e bibliotecas muitos livros que falavam da importância da liderança, e que sugeriam desvendar os segredos para ser um grande líder, mas praticamente nada que falasse de como ser um bom liderado. Na faculdade só se falava em como ser um líder de sucesso. E por todo o lado só se falavam em palestras de como ser um líder vencedor. Apesar de admirar muito a ideia, eu não queria ser um super líder, mas com certeza eu tinha muita vontade de ser um grande profissional dentro de uma empresa. Apesar disto, eu li muitos daqueles livros, prestei atenção às aulas, e fui a muitas palestras, e confesso que pude tirar muito proveito de tudo isso, e é claro que é digno de mérito ser líder em qualquer área de atuação. Entretanto, não demorou muito para me dar conta de uma métrica matemática muito simples: tanto para o bom como para o mau líder é imperativo haver os liderados. Não tem como haver líderes sem liderados. E na grande maioria das vezes um líder terá muitos seguidores. O que não é dito (e é o que eu acredito) é que se há glamour e mérito em ser um chefe, há também mérito em ser um bom funcionário. Entretanto, talvez não haja a mesma ênfase no glamour em ser liderado que há em ser líder, mas convenhamos que o glamour nem sempre é uma dádiva, mas muitas vezes um fardo. Ser líder envolve sofrer muita pressão.

Este livro é uma tentativa de ajudar aqueles que assim como eu querem alcançar excelentes resultados na vida profissional. Eu não quero ser dono de empresa, mas eu quero fazer o meu melhor para ajudar o meu chefe e a empresa a crescer, pois se isso acontecer, eu sei que posso crescer junto a eles. Às vezes reclamar das dificuldades profissionais é mais cômodo. Geralmente o nosso chefe está estressado e é até bom reclamar dele, mas a verdade é que nada disso ajuda a pessoa mais importante nessa história toda: eu mesmo! Portanto, a proposta aqui é assumir as rédeas do meu trabalho e de meus resultados. Se a empresa onde eu trabalho não estiver bem, o meu resultado também não será bom. O propósito deste livro é ajudar o funcionário a alcançar todos os benefícios possíveis dentro de uma empresa por meio de estratégias simples e eficientes. Eu quero que o funcionário conquiste todos os aumentos de salários possíveis e que seja, acima de tudo, muito feliz na empresa e na atividade que desenvolve. No entanto, às vezes as coisas não são simples. Em alguns casos a empresa pisa na bola com a gente; não recebemos o aumento que esperávamos; ou somos demitidos sem nenhum aparente motivo. Quando as coisas vão mal, nós podemos optar por nos vitimizarmos com a situação e contra o nosso chefe, ou podemos assumir as rédeas de nossa vida e fazer de tudo para conquistar o que merecemos. Este livro é para aqueles que se negam a fazer o papel de vítimas, mas que não sabem exatamente como despertar o melhor de si. Em muitos casos nós funcionários temos o direito de reclamar, e muitas vezes somos induzidos a ver a empresa como inimiga, mas aqui eu falarei de como assumir responsabilidades e trabalhar em cooperação com nossos colegas, chefes, e empresa, pensando no lucro de todos.

Ser o funcionário que uma empresa precisa é tão importante quanto ser um grande líder. Todos os "patrões" estão à procura de bons colaboradores. O grande desafio para as empresas é poder contar com excelentes funcionários. Aliás, se todos fossem funcionários auto gerenciáveis e proativos, as empresas talvez nem precisassem de tantos gerentes de como atualmente dispõem. Ser um bom funcionário é acima de tudo ser líder de si mesmo. Uma pessoa que assume a postura de um empregado da melhor forma possível jamais precisará submeter-se a um chefe ou patrão, pois ela já estará fazendo tudo o que dela é requerido, sem que nenhuma ordem lhe seja imposta. As empresas contam com um número muito maior de liderados do que de líderes, então pela proporção, é indiscutível a importância que todos esses liderados exercem em uma organização. Foi por isso que eu percebi a importância de falar sobre características que ajudariam esses funcionários a entregar o melhor resultado possível a seus gerentes e organizações e, claro, auferir com esse trabalho os melhores resultados financeiros e promocionais possíveis, sem deixar de lado a qualidade de vida.

A percepção pela necessidade de escrever este material deveu-se principalmente por perceber algo em minha própria personalidade. Eu mesmo não tinha inclinação para ser um líder. Nunca me senti confortável com a ideia de assumir tal posição, mas sempre gostei muito da prática de auxiliar grandes gerências. Existem pessoas que de fato nascem e desenvolvem ao longo da vida uma capacidade administrativa e de coordenação de pessoas louvável. Eu mesmo pude ao longo de minha carreira profissional trabalhar com gerentes e empreendedores excepcionais. Por cada empresa que passei tive o exemplo de pessoas que me ajudaram a ser hoje um ser humano muito melhor. E ao longo de todas essas experiências pude perceber que aqueles homens e mulheres de liderança sempre contavam (esperavam de mim) com a minha lealdade e bom trabalho. Sempre foi gratificante ver nos olhos de minha gerência o brilho da confiança e até mesmo admiração pelo meu trabalho. Não cabia, portanto, a mim naquele momento exercer o papel de gerente, mas sim o de funcionário. Cada um deve acima de tudo identificar em si a função para a qual melhor pode desenvolver seu papel. Considerando dessa forma que uma empresa conta com muito mais funcionários do que gerentes e gestores há, portanto, muito mais espaço para se destacar na função de liderado. Felizmente, considerando o pouco preparo que as pessoas adquirem para exercer da melhor forma possível suas atividades de liderados, não é difícil para aqueles que têm um mínimo de preparo angariar a confiança e respeito das lideranças, e com isso também os espaços que as empresas naturalmente oferecem aos melhores. Fazer parte dos melhores implica basicamente duas coisas: gostar de trabalhar e fazer uso de sua intelectualidade (esperteza). Se você parar um segundo para de fato pensar nessas duas ideias, vai perceber que não é tão simples assim colocá-las em prática. Muitas vezes não gostamos de trabalhar na atividade que desenvolvemos, então, nesse caso, o que fazer? Durante os próximos capítulos falaremos sobre como agir em uma atividade na qual não nos sentimos bem ou não nos sentimos motivados para desenvolver. E quanto a usar a capacidade cognitiva, é preciso saber as fontes e as maneiras mais apropriadas de acessar nossa intelectualidade. Despertar nossa capacidade intelectual é uma jornada que exige muito esforço, portanto é importante saber os melhores caminhos a se seguir a fim de evitar o desperdício de boa energia e tempo.

O que eu acredito me dar autoridade a me aventurar em querer auxiliar outras pessoas nessa área é justamente em minha jornada profissional ter conquistado bons resultados, principalmente quando comparados com os de outras pessoas que passaram pelas mesmas empresas que eu. Os que fizeram diferente daquilo que eu acredito tiveram maus resultados ou foram infelizes em suas atividades, e os que compartilharam das mesmas ideias tiveram os mesmos bons resultados e até mais. Vale acrescentar que de fato nunca fui demitido de qualquer uma das empresas por onde passei. Não que haja demérito algum em ser demito, às vezes as circunstâncias não permitem outra possibilidade, mas que há um grande mérito em nunca ter sido demitido, isso é inegável. Ao todo são sete saídas de empresas até o momento. Em todas eu tive a possibilidade de optar por sair, isso nunca me foi imposto, ou seja, em todas elas eu tive a opção de ficar. Não foram em todas que eu desenvolvi exatamente o que eu gostaria de fazer, ou me senti feliz fazendo o que fazia, mas em absolutamente todas eu desenvolvi um trabalho que me permite bater na porta dessas empresas e retornar sempre que possível. A questão salarial é sempre uma dificuldade em qualquer empresa em que se é funcionário, mas em todas eu pude alcançar um salário compatível com o que eu fazia, e que foi conquistado principalmente por agregar algo ao trabalho, e não simplesmente porque eu tinha tempo de empresa. Mas sempre que almejar um salário mais pomposo, lembre-se que isso normalmente está associado a um nível mais alto de responsabilidade, preocupação, desafios, e competitividade à medida que o salário aumenta. Por isso, pense bem se de fato é um aumento de salário que você quer. Não venho de família pobre, então sempre tive boa base de educação e qualidade de vida, mas minha família também estava muito longe de ser de classe rica. Digamos que eu era de uma família de classe média baixa muito trabalhadora. Ou seja, para quem via de fora éramos uma família de pessoas com boas condições financeiras, mas para nós que víamos de dentro, sabíamos que acordávamos muito cedo e que dormíamos tarde, e que nesse meio tempo não fazíamos outra coisa a não ser trabalhar muito, estudar com intensidade e economizar com sabedoria. Agora quando sento para escrever este livro, tenho exatamente 30 anos de idade e 14 de experiência profissional. Isso é muito pouco se comparado com o que muitos já viveram em termos de tempo, mas eu tenho certeza de que já é muito em termos do que conquistei se comparado com o que pessoas de mais tempo adquiriram em termos de qualidade, experiência e resultados. Aliás, tenho muita pena sempre que vejo nos olhos de algumas pessoas de mais idade, a frustração de uma vida profissional infeliz de quem não descobriu cedo tudo o que eu agora quero dividir com vocês, e a não ser que você tenha certeza de que vai morrer ano que vem, ainda há tempo de assumir as rédeas da sua condição profissional.

A sociedade e as empresas precisam de pessoas que exerçam suas atividades da melhor maneira possível, e fazendo uso daquilo que possuem de melhor. Trabalhar é uma das atividades mais dignas que um ser humano pode desenvolver. E não importa a remuneração ou o glamour despendido sobre a atividade, todas, sem distinção, são importantes para a sociedade. O que faz uma atividade ser recompensadora não é o glamour ou a remuneração que a ela é dada, mas sim a satisfação da pessoa que a desenvolve. Se você é feliz naquilo que você faz, não há dinheiro no mundo que o faça trocar de atividade, e não há palavras de convencimento que lhe farão trocar de área. Se você sente que isso não é verdade na sua vida profissional no momento, então ou você está na área errada, ou você está desenvolvendo a sua atividade da maneira errada. Este livro com certeza lhe ajudará a clarear suas ideias a respeito disso. Mas de antemão eu lhe garanto um desafio intransferível: a responsabilidade por sua situação profissional é somente sua. Aqui neste livro não será abordada nenhuma forma de piedade, porque acredito que o mercado é sim difícil, mas que assim é para todos, e que cabe a cada um de nós a reponsabilidade de ajudar a nós mesmos. Sim, algumas pessoas nascem com privilégios e outras com desvantagens. A realidade é que a vida pode ser muito injusta. Temos três opções: ficar apático às dificuldades da vida; reclamar; ou fazer acontecer. Se não fizermos por nós, ninguém mais o fará. Apesar de a vida ser injusta muitas vezes, ela também dá uma liberdade absurda para fazermos o que bem quisermos com a nossa existência. Não continue a ler este livro se você não estiver disposto a assumir a responsabilidade por sua vida profissional. Agora, se você estiver disposto a ser o melhor profissional que você é capaz de ser, prepare-se para ser desafiado a cada página; prepare-se para ser colocado diante de seus medos; mas acima de tudo, esteja ciente de que você irá conhecer muito mais a respeito de quem você é.

Boa leitura e mãos à obra.

NÃO PENSE FORA DA CAIXA

Eu sempre ouvi muito sobre a necessidade de se pensar fora da caixa. Aprendi em diversos cursos e livros sobre a importância de sempre pensar diferente. Claro que essa afirmação está sempre mais voltada para a liderança. Líderes precisam estar sempre um passo à frente no mundo dos negócios. Por falta de compreensão, essa ideia acabou sendo difundida para todas as áreas da empresa e para todas as pessoas. Então muito tem se falado a respeito de se pensar de formas diferentes e de se quebrar paradigmas. Outros nomes que se dão para esse tipo de ideia é que devemos ser criativos e inovadores.

Acontece que se todo mundo pensar e agir assim será instalado o caos nas empresas. Faltou aos livros e aos gurus da administração, darem muito mais atenção à grande massa de pessoas que assumem a função de seguidores dos líderes, e dizer para eles que em um âmbito empresarial, o que os líderes e chefes esperam de nós, é que façamos apenas aquilo que se espera nós. E nada mais. Criou-se essa ideia de urgência e de responsabilidade de que todos deveriam pensar fora da tal da caixa, sendo que na verdade isso não é nem um pouco prático. Não existe espaço dentro de uma empresa para que todos sejam inovadores e criativos. Em torno de 95% das pessoas terão que trabalhar de forma a apenas cumprir com as funções que lhes são solicitadas. E para todos aqueles que trabalham em empresas, sabemos que apenas cumprir com aquilo que devemos fazer já é muita coisa.

Agora, sim, com certeza, não basta apenas fazermos aquilo que temos de fazer de qualquer jeito. Não é preciso pensar fora da caixa para perceber que desenvolver nossas atividades pode ser feito de qualquer jeito, ou de uma maneira que seja muito bem-feita. Trabalhar com motivação e procurando sempre fazer o melhor é uma forma de trabalhar que não exige criatividade, mas que com certeza gera resultados positivos para a empresa e para o funcionário, e é isso o que justamente muitos esquecem de fazer. Buscar fazer sempre melhor aquilo que fazemos todos os dias é um desafio que por si só já é grandioso. Muitos não se dão conta disso e acabam desenvolvendo suas atividades corriqueiras de qualquer jeito. Observe ao seu redor. As pessoas são desinteressadas. E isso é muito bom por um lado, pois aumenta as chances daqueles que se dedicam de serem muito mais reconhecidos. Observe bem como aquela pessoa que sempre ganha todas as promoções e aumentos, e que na verdade nem é melhor profissional do que você, está aplicando essa ideia simples de fazer mais e melhor. Às vezes você se preocupa em achar soluções que ninguém está preocupado em solucionar, enquanto que outra pessoa está muito mais preocupada em fazer cada vez mais e melhor apenas aquilo que se espera dela, e essa pessoa está alcançando todos os resultados. É claro que, se você tiver uma boa ideia para ajudar a empresa em algum processo ou para reduzir custos, não é preciso que eu diga que você deve imediatamente informar o responsável pela área. E se ninguém der valor à sua ideia, não tem importância. Lembre-se que o mais importante é fazer o que tem que ser feito.

Qualquer chefe, ou qualquer líder, adora profissionais que desempenham muito bem as atividades que se espera deles. Chefes e líderes amam ser respeitados. Eles adoram ter seguidores. Isso não quer dizer ser puxa saco. A diferença entre quem faz e o puxa saco é simples. O puxa saco faz para aparecer, e não porque compreende a importância do que faz. A pessoa faz para valer é aquela que compreende a importância de seu trabalho, e os resultados que isso gera para todos os envolvidos no processo. Se o puxa saco não recebe a atenção que ele espera, ele se zanga; se o trabalhador de verdade não recebe o reconhecimento que ele espera, ele continua fazendo o seu melhor. E se ele for um trabalhador excepcional, ele se vingará fazendo ainda melhor do que já vinha fazendo antes. Afinal de contas, quem sempre ganha ao desenvolver um excelente trabalho é a própria pessoa que o desenvolve.

SIGA O LÍDER (COMO SER UM ÓTIMO FUNCIONÁRIO,
NUNCA SER DEMITIDO E CONQUISTAR TODAS AS PROMOÇÕES)

Eis aqui um fator que é muito falado em livros e palestra, e que eu concordo plenamente para qualquer nível dentro de uma empresa, que é a pró-atividade. Esta palavra tem tudo a ver com o que estamos falando aqui. O funcionário proativo é justamente este de que estou me referindo, aquele que trabalha procurando fazer sempre o melhor e mais. É aquele que trabalha bem dentro da caixinha daquilo que se espera dele. É aquele que compreende exatamente o que se espera dele, e faz isso com maestria. Se a sua função é varrer o chão e tirar o lixo, essa pessoa irá fazer isso de forma a arrancar elogios e reconhecimento de todos por onde passa, ou que passam por onde ele limpou. Essa pessoa fará os colegas de trabalho comparar o seu serviço com aqueles outros que fazem a mesma função, mas com menos motivação e atenção aos detalhes. Se a sua função é ser um gerente de setor dentro de uma empresa, talvez o que se espera de você não é que revolucione o local de trabalho, mas que faça aquilo que tem que ser feito da melhor forma possível e pronto, é isso, nada mais. E se assim for, faça-o com o seu melhor. Faça as pessoas perceberem a sua presença. Você não precisa ser um gerente bonzinho, pois ninguém gosta desse gerente e todos falam mal desse líder pelas costas. Você tem que ser um gerente que cobra o melhor de cada funcionário, mas que acima de tudo trata a todos com respeito. Quando nas reuniões, esse gerente saberá cobrar e achar soluções firmes, mas sem perder o controle.

Qual é a melhor maneira de fazer o seu serviço é, automaticamente, uma pergunta que qualquer um deve se fazer nesse momento. Eu dei dois exemplos, a arrumadeira e o gerente, e apenas poucos exemplos de comportamento. Mas se você trabalha em uma área e quer fazer ainda melhor o que tem que ser feito, só pelo fato de estar pensando a respeito disso, irá perceber quais são os detalhes que você estava deixando passar por falta de atenção e que agora fará com muito mais maestria. Mas se ainda está tendo dificuldades, simplesmente faça o que tem de fazer exatamente como esperam de você, colocando toda a sua atenção e o seu cuidado nisso, e você irá melhorar exponencialmente. Entretanto, se você ainda se sente inseguro quanto a isso, e realmente está determinado a fazer o melhor possível dentro de sua área, então peça para falar com o seu gerente ou supervisor, e peça a ele sugestões de como melhorar dentro daquilo que você já faz. Mas faça isso não como o puxa saco que quer somente chamar a atenção, mas como uma pessoa que busca genuinamente ser melhor a cada dia naquilo que faz. Pense o máximo que puder dentro da caixa. Dentro da caixinha daquilo que você vive e faz há um mundo de possibilidades não exploradas que podem ser desenvolvidas. Foque a sua atenção dentro dessa caixa.

Entretanto, quem sabe você já está fazendo tudo isso, já está dando o seu melhor, ou quem sabe começou depois da leitura deste livro a fazer um excelente trabalho, mas ninguém lhe dá valor por isso. Há a nítida tendência a desanimar. Contudo, se você se deixar desanimar por isso, é porque você é um fracassado e fraco. Em primeiro lugar, nunca esqueça que tudo o que você faz de melhor na sua vida, e no seu trabalho, é para mais ninguém a não ser você mesmo. Você aprende mais quando trabalha mais e melhor? Sim! Então você já ganhou o que merece. Trabalhar mais e melhor serve para fazer de nós pessoas melhores e seres humanos mais evoluídos. Mas é claro que você também merece um aumento e reconhecimento. É para isso que trabalhamos tão duro. E se o reconhecimento não vier na forma que você espera, seja com salário melhor, promoção, ou algum outro benefício, então sabe o que você faz? Trabalhe ainda mais e melhor! Por quanto tempo? Por pelo menos um ano! Não é porque você começou a se dedicar mais, que depois de uma semana as coisas vão melhorar. Não é assim que acontece. As coisas levam tempo. Você deve fazer o seu melhor por pelo menos um ano. Se você não consegue fazer isso, é porque você não merece nada mesmo. É porque você é apenas um puxa saco interesseiro. É porque você não está de fato preocupado com a pessoa mais importante nessa história toda, que é você mesmo.

E se depois de um ano ou mais, ainda assim a recompensa não vier, é porque você passou a valer muito mais do que essa empresa tem condições de bancar. Entretanto, você não deve guardar rancor ou ficar chateado com a empresa. O que você deve fazer é, ou tentar uma promoção mais uma vez, ou simplesmente procurar uma empresa que possa lhe pagar mais. E se nenhuma das duas possibilidades lhe for viável, é porque você não valha tanto quanto você acha que vale. Ou pior ainda, pode acontecer que mesmo depois de fazer tudo o que você pôde de melhor, ainda seja demitido. Nesse caso você pode ficar ofendido, e até processar a empresa. Mas eu não recomendo que você faça isso, apesar de ter esse direito, pois com isso você está atestando seu certificado de fraqueza. Se você foi injustamente demitido, mesmo sabendo de seu valor, então outra empresa irá lhe oportunizar a vaga que você merece, e pelo salário que você tanto batalhou para conseguir. E se por acaso você trabalha em uma empresa que simplesmente não lhe valoriza, e ainda lhe trata mal, talvez não valha o tempo nem o esforço ficar nesse ambiente. Nesse caso, peça as contas e vá procurar algo melhor. Não adiantará ficar nessa empresa reclamando e chorando. E mesmo que procurar a justiça seja uma opção, isso não lhe trará resultados realmente positivos. Saia dessa empresa e vá procurar algo melhor. Se por acaso o mundo lhe parecer muito duro e injusto às vezes, deixe-me lhe dizer uma coisa: sim, o mundo é muito duro e muito injusto muitas vezes. Ou encaramos essa verdade, e tentamos fortalecer os músculos de nossa emoção e determinação, ou sofreremos muito. Este livro é um exercício que fortalecerá os músculos de suas emoções.

Mas às vezes a vida em uma empresa não é tão simples e fácil. A vida de forma geral não é simples nem fácil. Se uma empresa é difícil, e trabalho é apenas uma extensão da vida, em uma empresa você pode reclamar nos Recursos Humanos ou na Justiça, mas contra as adversidades da vida não há nada nem ninguém que irá lhe poupar. Então encare o seu trabalho com a mesma realidade que você encara a vida, e vá para o ataque. Não se faça de vítima, pois isso não lhe levará nem muito longe, nem muito para cima. Aceite o desafio e lute com coragem. E se você não se sente forte o suficiente, lute ainda mais. E faça sempre a seguinte pergunta: em último caso, você está aprendendo algo com a situação e com a função? Se sim, você é o maior ganhador que há nessa história. Vamos pensar o oposto. Digamos que você está em uma função em que ganha muito bem, e onde não há maiores dificuldades e desafios. Nesse caso você está é perdendo. Você deveria imediatamente abandonar essa condição, pois aqui você é um perdedor. Mas se você ganha mal, e ainda por cima não tem chance de aprender nada, mesmo dando o seu melhor, então coragem, e vá procurar algo melhor, por mais difícil que essa atitude possa ser. E antes que você arrume qualquer desculpa para dizer o quão difícil a sua vida é, saiba que no mundo existem muitas pessoas passando por situações muito mais adversas, e trabalhando muito mais duro do que você. Nesse mundo não adianta chorar, o que resolve qualquer coisa é trabalhar duro.

Mostre todo o potencial que você tem dentro da sua caixa.

MUDAR DE PROFISSÃO DENTRO DA MESMA FUNÇÃO E DA MESMA EMPRESA

A vida cotidiana de uma atividade profissional pode muitas vezes ser muito monótona. E na grande maioria das vezes de fato é. Mesmo para aqueles que têm uma rotina constante de novos desafios, acabam por isso mesmo, vivendo uma rotina entediante de novidades constantes. A obviedade da rotina pode estar justamente na constante surpresa de atividades. Então, basicamente, é inescapável a tragédia de vivermos um chato repetitivo roteiro profissional.

Respostas imediatas para esse tipo de problema são: mudar de empresa, mudar de profissão, ou mudar de setor. Entretanto, muitas vezes leva tanto tempo para construirmos a carreira profissional da qual hoje desfrutamos, que pode ser muito perigoso abrir mão do certo pelo duvidoso e arriscado. Fato é que a vida se torna muito triste quando acordamos pela manhã e nos sentimos desanimados só de imaginar o dia de trabalho que teremos pela frente. E pior ainda quando não vemos perspectiva próxima de mudança ou melhoramento.

Um dos grandes perigos de uma situação como essa é uma demissão inesperada. Por mais infeliz que nossa situação profissional possa parecer, aparentemente ninguém quer ser demitido. Por pior que esteja, por algum motivo, preferimos manter o nosso emprego. O nome disso se chama comodismo. E infelizmente, uma das melhores e piores formas de sair dessa situação é uma demissão. Só que isso não é o que queremos, e isso pode nos trazer grandes problemas. Então, antes de sermos pegos de surpresa, e nos tornarmos ainda mais infelizes do que por ventura já estejamos, existe uma solução criativa e simples para nos fazer sair dessa situação, sem sair da nossa rotina, função, e muito menos empresa.

Para fazer isso, primeiramente tente se lembrar de como você se sentiu no primeiro dia de trabalho nessa empresa em que você trabalha hoje. Faça de fato esse exercício, nem que você precise parar a leitura por alguns segundos. Quer saber (?!), faça isso agora! Pare um pouco e relembre do seu primeiro dia de trabalho nessa empresa onde está hoje e de como você se sentiu.

E então, como foi aquela experiência? Se você tem qualquer tipo de preocupação positiva com o futuro, planos, e intenções de construir bons resultados pessoais e profissionais, então provavelmente em seu primeiro dia de trabalho na empresa em que você hoje está, você sentiu pelo menos um friozinho na barriga quando acordou pela manhã. Se é que conseguiu sequer dormir à noite pensando no primeiro dia de trabalho na nova empresa. Além disso, como queria causar uma boa impressão, provavelmente escolheu boas roupas e ajeitou bem a aparência e o cabelo. Se você no primeiro dia de trabalho nessa empresa não passou por essa experiência, é porque você nunca se importou com as possibilidades do novo trabalho; e de fato com essa postura nunca irá alcançar nada. Para ser bem sincero, com uma postura tão displicente, você já começou muito mal, e sabe disso. Então, para poupar vocabulário, das duas uma: ou você pede as contas logo, pois está tirando o lugar de alguém que realmente se importa, e você está perdendo tempo precioso que poderia estar usando em alguma atividade que realmente lhe traga significado e que dê esse friozinho na barriga; ou então você assume uma nova postura. Se você decidir pela segunda opção, vai fazer muito sentido o que veremos na sequência.

O que acontece é que com o passar dos dias, dos meses, e dos anos, há uma tendência natural de irmos nos acostumando com a rotina de trabalho. Agora, ao invés de acordarmos ansiosos pelo trabalho, acordamos entediados. Há aqueles que estão em uma fase tão avançada de tédio pelo trabalho que começam a sentir os sintomas desse mal já no domingo perto da noite, enquanto assistem a algum programa de televisão e são atormentados pelo monstro da expectativa de ter que acordar na segunda-feira e ir trabalhar. Essa é sem dúvida uma sensação ruim e muito comum.

Além do mais, também é um sintoma bem típico de apatia, já não nos importarmos mais com a roupa que usaremos para ir trabalhar e com nossa aparência. No primeiro dia de trabalho colocamos nossas melhores roupas, e ajeitamos a cara como se estivéssemos indo para um encontro romântico. Já no decorrer do tempo nos arrumamos como se estivéssemos indo treinar na academia. Colocamos uma roupa simples e nem nos preocupamos com a aparência. Digo isso porque é o que presenciei muitas vezes nas empresas por onde passei. Vi grandes profissionais se apresentarem ao trabalho como se fossem se apresentar para uma atividade qualquer e sem importância. Entretanto, também vi outras pessoas, com já muitos anos de empresa, indo trabalhar como se cada dia fosse o primeiro dia de trabalho. Então compreendi uma coisa: está em nós a possibilidade de mudar a aparente chatice da rotina de trabalho.

Então a primeira mudança profissional que você vai adotar para o próximo dia de trabalho e para todos os outros, é uma responsabilidade com a sua aparência. Todos os dias, a partir de agora, você irá trabalhar como se cada dia fosse o primeiro dia de trabalho. Com essa atitude nunca mais você irá sentir os efeitos destruidores da sensaboria labutar. É assim que se muda de trabalho sem mudar de emprego: mudando a sua postura. Não é o trabalho que ficou chato, é você quem perdeu a criatividade em viver. Você se tornou um chato. Não é a vida que tem sentido, é você quem dá o sentido que bem achar melhor a ela. Talvez você imagine que algum colega vá rir da sua atitude. Eu garanto a você que vai sim. Vai rir por fora, porque por dentro ele estará receoso com o próprio desleixo.

Você não precisa ser promovido para mudar de postura, mas você deve mudar de postura para ser promovido. Essa ideia me faz lembrar um colega, que certa feita reclamava da falta de oportunidades dentro da empresa, e não contente com a reclamação, ainda lastimava o fato de outro colega sempre receber oportunidades, enquanto ele, não recebia nenhuma. Mas não é surpresa para você imaginar que o outro colega sempre se apresentava para o trabalho como se aquele fosse o primeiro dia de trabalho dele, e ainda por cima, tinha uma postura não de funcionário, mas de gerente, pois sempre agia com muita comunicabilidade, aparência impecável, e boa postura. Por sua pró-atividade, agia da maneira como deve agir alguém que almeja galgar qualquer degrau dentro de uma empresa. Já o colega que só reclamava, não fazia nada para mudar, e agia justamente como um funcionário fracassado, sem acrescentar nada de novo às atividades, mas exigindo as recompensas de alguém que produziu resultados. Se você estivesse na condição de chefe ou líder, tenho certeza que não pensaria duas vezes no momento de escolher alguém para receber qualquer recompensa pelo trabalho desenvolvido.

Então, se você nunca usou uma camisa mais formal no ambiente de trabalho, experimente começar a vestir-se mais formalmente para trabalhar. Você não precisa exagerar. Não há a necessidade de se vestir como um recém-convertido de alguma igreja evangélica. Você apenas quer gradativamente melhorar a sua situação; você não quer ser salvo das garras do inferno. Se você já vai trabalhar com roupas um pouco mais formais, então talvez já faça mais de 376 anos que não troca de penteado. Eu conheço pessoas que desde que saíram da barriga da mãe, ainda usam o mesmo estilo de cabelo. Por que não mudar? Tenho certeza de que a vontade de mostrar o novo look para os colegas vai dar uma vontadezinha um pouco mais especial de ir trabalhar. E quem sabe aqui fica a dica: deixe para fazer essas mudanças no final de semana, então a segunda-feira vai perder aquele ar de ter que ir para a casa da sogra, ou dos parentes de seu cônjuge que você não suporta. E por falar em mudar, ainda há a opção, para aqueles que usam óculos, de trocar de armação. Só quem usa óculos sabe a alegria que trocar de armação gera em nosso espírito. E por incrível que pareça, há aqueles que usam a mesma armação a vida inteira. Há aqueles que de tão despreocupados com os óculos, usam uma armação já amarelada e besuntada de tão descuidada que está, isso quando o estilo dos óculos já não está mais ultrapassado que o Rubinho Barrichello.

Além dessa postura de ir trabalhar como se cada dia fosse o primeiro dia de trabalho, e de vestir-se em compatibilidade com sua certeza, você para então mudar de emprego sem trocar de função, setor, nem empresa, pode ainda acrescentar novas atividades ao seu cotidiano. Pense bem. Se você acorda desanimado para o dia de trabalho, provavelmente outras pessoas se sintam da mesma forma, e então se instala uma bola de neve de negatividade, aonde todos vão puxando uns aos outros para baixo, e aos poucos todos estão vivendo em um ambiente de trabalho cinza e infeliz.

Sendo assim, você pode ser o catalisador de uma mudança. Comece a tratar as pessoas com mais jovialidade e entusiasmo, e veja a mágica acontecer ao seu redor. Se você é do tipo de pessoa enfadonha e infeliz com o trabalho, simples atitudes de mudança poderão ser como mover uma rocha montanha acima de tão difíceis, mas que uma vez iniciado o processo, será como empurrar um pneu ladeira abaixo, de tão fácil. Então como sugestão, por que não comprar uma caixinha de bombons e dividir com os seus colegas? Afinal de contas, mudar de emprego pressupõe mudar de colegas, então também é parte da sua missão ajudar seus colegas a mudarem de postura. Se isso parece ridículo para você, é porque você é uma pessoa sem brilho e sem atitude, que acha desculpas para não mudar, e que está a um passo de ser mudada por mal, pois uma surpresa negativa espreita a sua porta em forma de demissão.

Há aqueles que, inclusive eu, muitas vezes imaginaram poder se livrar dos problemas mudando de empresa, para na nova empresa, por algum motivo, descobrir que os mesmos problemas lá apareceriam novamente, como que por passe de mágica. O fato é que, aqueles desafios que nos negamos a enfrentar em alguma situação, por alguma razão, irão aparecer em uma nova situação novamente. E não deve ser surpresa para nós descobrir que, muitas vezes, a causa de nossos problemas não é o que acontece no ambiente em que estamos inseridos, mas os conflitos ou falta de atitude que nos afligem dentro de nós. Então antes de tentar mudar de posição, vale a pena primeiro tentar mudar de postura. Se ainda assim as coisas não melhorarem, pelo menos teremos a certeza de termos cumprido com a parte que nos cabia; então aí sim, nesse caso, uma mudança mais radical será mais do que bem-vinda, pois nesse momento estamos prontos para a mudança.

Eu poderia trazer muitos outros exemplos de como você poderia melhorar a sua própria postura com relação a sua rotina dentro da empresa, mas as situações de cada um são muito variáveis, e seria impossível pensar no que seria mais apropriado a cada um fazer. Portanto, cabe a você usar de criatividade e profissionalismo, e pensar em ideias que possam trazer melhores resultados e mudanças para a sua rotina de trabalho. Lembre-se que tentar recordar como foi o seu primeiro dia de trabalho nessa empresa e a sua postura naquele momento lhe ajudarão a ter boas ideias a esse respeito.

Opere em você a mudança que quer ver no seu emprego.

BUSCAR BENEFÍCIOS QUE NÃO SEJAM APENAS FINANCEIROS

O primeiro motivo pelo qual buscamos qualquer atividade profissional há de ser, imprescindivelmente, o retorno financeiro. Se assim não fosse, nem sairíamos de casa, e ficaríamos fazendo somente aquilo que mais gostamos; e nos dias frio e de chuva, não pensaríamos duas vezes em ficar umas horas a mais na cama quentinha, sem precisar levantar cedo para ir trabalhar. Nunca esquecerei uma entrevista de emprego para trabalhar em um banco, em que fui perguntado do porquê querer trabalhar (de forma geral, não apenas naquele banco). Não titubeei em responder que era por causa, em primeiro lugar, do dinheiro. A reação da entrevistadora foi automática em apertar a minha mão, e me dar os parabéns pela sinceridade. Infelizmente não ganhei aquele emprego.

E infelizmente para nós, nem sempre é possível ganhar tanto dinheiro quanto gostaríamos em uma empresa onde gostamos de trabalhar. E não ganhar tanto dinheiro quanto gostaríamos, pode muitas vezes ser uma fonte de desmotivação para algumas pessoas. E não são poucas as empresas que nos revelam, recorrentemente, que aquele esperado aumento de salário, não será possível mais uma vez. Mas antes de se sentir abatido por esse balde de água fria, é possível avaliar algumas outras variáveis, que poderão nos ajudar a construir melhores perspectivas de realização profissional.

Não poucas vezes, a área em que amamos e escolhemos atuar não é a que melhor remunera. E nem por isso deveríamos imediatamente desistir dessa área, em busca de uma que melhor pague, em detrimento de nossa felicidade e realização profissional. Eu mesmo, em minha vida de trabalhador, acabei optando por uma atividade que muito me atraía, que era dar aulas de Inglês. Nunca esquecerei que a primeira observação da maioria das pessoas era a de que tal profissão pagava pouco e que exigia muito esforço. Logo, não foi surpresa nenhuma para mim quando descobri na realidade, que tal atividade de fato remunerava não tão bem quanto muitas outras áreas, e que a carga horária de trabalho era realmente intensa.

Entretanto, havia um fator que poucos estavam percebendo nessa situação, mas que tinha grande impacto sobre a minha decisão, e que me chamava àquele desafio com todas as forças. Acima de tudo, estava o fato de eu amar o ambiente que envolve tudo o que se relaciona com a língua Inglesa, então eu tinha certeza de que estava fazendo algo em acordo com uma capacidade minha; mas acima de tudo, estava o fato de eu saber estar indo para uma atividade onde eu teria a chance de, além de ensinar, também aprender ainda mais sobre um tema que eu percebia ser de muita importância. O fato de eu saber que teria naquela profissão a possibilidade de grande aprendizado, era para mim de muito mais valia do que os imediatos benefícios do dinheiro.

A matemática era simples. Se eu ficasse na área em que na época estava trabalhando, eu garantiria a minha estabilidade profissional, e também os recorrentes aumentos salariais que naturalmente adviriam das leis que regem as relações trabalhistas; entretanto, meu desenvolvimento de aprendizado estaria limitado àquela área. Enquanto que, em contrapartida, se aceitasse o novo desafio, eu passaria a, em um primeiro momento, receber menos salário, sim, mas estaria aperfeiçoando um conhecimento que teria muita importância para o meu futuro. E assim de fato foi. Com o desafio de me tornar professor de Inglês, fui sujeito aos mais intensos estímulos. Fui provocado a aprender a falar em público, e vencer uma timidez que era para mim um entrave pessoal. Tive que desenvolver técnicas de organização e produtividade de trabalho sob ritmo intenso. Ampliei profundamente meu conhecimento de uma língua que, apesar de importante, é do domínio de poucos; bem como expandi meus conhecimentos não somente da língua Inglesa, mas também de muitos outros tópicos que estão relacionadas a ela. Fui forçado a aprender a lidar com situações estressantes, que somente uma sala de aula, e os conflitos de se ter um grupo de pessoas em um mesmo ambiente, proporcionam. Tive a bela oportunidade de conhecer muitas pessoas, de diversas áreas profissionais, e aprender com todas elas. Compreendi a importância da habilidade da comunicação. Nada disso poderia ser mensurado monetariamente, mas eram benefícios nítidos dentro da difícil profissão que aceitei conhecer.

Além do mais, aprendi que existe certa falácia sobre algumas áreas pagarem pouco. Com o decorrer dos meses de meu trabalho, e minha total dedicação, apesar das dificuldades da profissão de professor, por eu estar fazendo algo que eu amava e sabia como fazer, acabei sempre dando o meu melhor, e com isso o reconhecimento de meu diretor, e minha segurança em exigir melhores condições pecuniárias, foram naturalmente acontecendo. Percebi que muitas vezes não é apenas a profissão que remunera mal, mas também o comodismo e a tendência em apenas reclamar e exigir, que levam algumas profissões a serem menos reconhecidas.

Logo, com o meu esforço, e com o apoio da escola e colegas de trabalho, fui presenteado com outras propostas de trabalho, que minha experiência e conhecimento proporcionaram. Então, é válido observar que em algumas situações, muito mais importante do que um salário, é mais interessante estar em uma área que proporciona a possibilidade de desenvolver uma atividade, que em primeiro lugar amamos desenvolver, e que nos servirá de incentivo para fazer o nosso melhor. Por exemplo, para mim seria difícil trabalhar em uma atividade como finanças, que é algo que eu realmente não gosto, e que seria estressante, e nem um pouco prazeroso. E em segundo lugar então, é importante estar em uma situação que absolutamente proporcionará aprendizados e desafios. É imperativo que a profissão em que escolhemos atuar não seja aquela que nos propicie ficar na zona de conforto, mas que nos desafie a sermos sempre melhores naquilo que fazemos, e que tenha por isso um certo nível de dificuldade.

Outro ponto importante a se analisar, que pode ser tão relevante quanto o salário, é o ambiente profissional, com pessoas agradáveis e positivas. De nada adianta ganhar muito dinheiro e ter que passar a maior parte de nosso tempo com pessoas, e em um ambiente de trabalho, que diminuem nossa qualidade de vida; ainda mais se tivermos que fazer isso por muito tempo. Acredito, também, ser importante trabalhar em algo, que não consuma muito do nosso tempo livre. Por exemplo, um trabalho que é muito longe de nossa residência, pode consumir um tempo valioso de nossos momentos de lazer. Trabalhos que requerem muitas viagens podem ser bons no começo, mas depois de um tempo, perceberemos que eles acabam roubando espaço de nossa vida particular e de nossa capacidade de investir em nossos estudos. Trabalhar em uma área com a qual não nos identificamos e não amamos é absolutamente reprovável. É muito mais vantajoso trabalhar em algo que nos permita apenas uma condição de vida simples, mas com a certeza da paixão de acordar todos os dias inspirado, do que optar por fazer algo meramente em virtude do retorno financeiro. Vale muito mais viver em uma casa simples, mas feliz, do que em uma mansão, mas triste. Entretanto, é claro, sendo possível conciliar os dois, felicidade e retorno financeiro, é louvável fazer a opção por tal. O que quero deixar bem claro é que, não devemos aceitar a opressão estressante de nos sentirmos obrigados a optar por algo que nos beneficie por um lado (dinheiro), em detrimento de muitas outras coisas, que podem pesar muito mais do que isso, como qualidade de vida e desenvolvimento pessoal.

É importante deixar bem claro, contudo, que essa não é uma teoria que incentiva o comodismo daqueles que, por se sentirem confortáveis na situação profissional em que se encontram, não buscam novos desafios, por ancorarem sua decisão mesmo que em vários pontos positivos. Isso seria um erro crasso e reprovável. A principal medida para a opção por uma profissão é o estimulo ao desafio e ao constante aprendizado. Acima de tudo, esse é o fator que deve ter maior peso na escolha de uma profissão. Algo que não estimula a pessoa a melhorar, não se justifica nem pelo salário, nem pela junção de todos os pontos positivos que possam fazer uma pessoa feliz. Infelizmente, hoje em dia, não basta apenas estar feliz no local de trabalho, é preciso estar constantemente aprendendo alguma coisa. Sendo bem franco, se você se encontra em uma situação pouco estimulante, na qual você passa muito tempo na ociosidade, sem estímulo nenhum para estudar mais, ou produzir mais, você está comprometendo sua integridade intelectual. Jamais faça isso com você. Mesmo que esteja ganhando milhões, mas não esteja evoluindo como pessoa, se tiver a oportunidade de mudar, e tiver que abrir mão dessa fortuna para começar do zero, correndo o risco de ficar pobre, faça isso. Pois é mais válida a certeza de uma vida rica em conhecimento e potencialidade, do que a falsa ilusão da riqueza financeira que não seja alicerçada no real valor de quem somos enquanto indivíduos. Pense em como seria ruim ser pego de surpresa por uma demissão, considerando o possível fato de você não estar mais preparado para encarar o mercado de trabalho. Nossa realidade hoje mostra que as pessoas viverão muitos anos, mais do que nossos antepassados, e por isso precisaremos trabalhar mais e, consequentemente, manter-nos constantemente em condição de aprendizado e, concomitante a isso, em constante condição de empregabilidade.

O trabalho é acima de tudo uma forma de serviço social, onde temos a oportunidade de entregar aquilo que fazemos de melhor. O trabalho é uma extensão de nós mesmos, pois entregamos um pouco de quem somos para o benefício da sociedade. Se todos optarem por fazerem aquilo do qual são os melhores, então a sociedade como um todo será um lugar muito melhor de se viver. Quero deixar bem clara minha opinião de que conquistar uma condição de vida financeira confortável é louvável, e deve sim ser buscada, mas nunca em detrimento de nossa verdadeira felicidade, e potencialidade humana; e também jamais devemos exercer uma função que amamos e fazemos bem, por um salário que não consideramos digno. Nesse caso, devemos sem dúvidas procurar outras empresas ou clientes, que reconheçam nosso valor. A questão é saber colocar em uma balança imaginária o quanto realmente pesa o valor do dinheiro que iremos receber, em contrapartida por tudo aquilo que iremos desenvolver e aprender. De nada adianta ficar rico, e ter que gastar tudo em médico, ou ser apenas uma pessoa medíocre; mas de nada adianta também, fazer um excelente trabalho, e não ser recompensado por isso. Se a balança estiver pendendo demais para um lado ou para o outro, a situação não se sustentará por si só. Nesse caso é preciso que atuemos para encontrar o equilibro. E ninguém mais além de nós mesmos é responsável por saber qual é o equilíbrio saudável dessa balança.

Busque no trabalho o que há de melhor e que nem mesmo o dinheiro pode comprar.

COMO PEDIR UM AUMENTO DE SALÁRIO

Jesus disse que só não recebemos o que queremos, porque não sabemos pedir. Isso está na bíblia, eu não estou inventando. Fato é que quando li essa frase, fiquei consternado. Jesus estava deixando claro que podemos receber qualquer coisa que quisermos. Eu posso não acreditar em religião ou em Jesus, mas eu acredito nessa verdade. Essa não é uma verdade apenas religiosa, essa verdade vale para qualquer situação. Entretanto, para que isso aconteça, é preciso saber especificamente o que queremos! Eu vou repetir com outras palavras, pois isso é muito importante: para você alcançar algum objetivo é preciso saber exatamente o que você quer, para poder pedir corretamente! Por exemplo, muitas pessoas querem ser ricas, e até pedem por isso. Contudo, não especificam o que ser rico significa e acabam por nunca conseguir nada, pois de fato não sabem nem por onde começar. Enquanto que, em outro exemplo, alguém almeja estudar muito, desenvolver um bom trabalho, construir uma bela família, trabalhar duro e com ética, pois sabe que para realizar todos os seus sonhos precisa pôr as mãos à obra; e enfim, acaba sendo uma pessoa financeiramente muito rica, mas também no âmbito amoroso, pois constituiu uma bela família, e também no que tange sua sabedoria, pois investiu em educação. No entanto, talvez a saúde tenha sido deixada de lado, pois não foi um objetivo almejado.

Você consegue perceber a diferença entre o primeiro exemplo e o segundo? Entre o nível de detalhamento do desejo, e a capacidade de colocar em prática uma ação que, inevitavelmente, leva a pessoa a alcançar objetivos concretos? Jesus estava certo. Só recebe quem sabe pedir, e não há milagre nisso, há apenas lógica. Quem sabe o que quer, também sabe o que precisa fazer para chegar lá. Quem não coloca detalhamento em seu desejo, não tem como mensurar o resultado das próprias ações e, muitas vezes, acaba por não colocar ação nenhuma em busca de seus desejos. E esse é exatamente o passo mais importante quando se busca um aumento de salário! Quantas pessoas já me falaram que queriam um aumento de salário, mas que não faziam ideia de quanto esse aumento representava. O trabalho é seu e não há ninguém mais apto a estabelecer exatamente quanto deve ser o seu aumento senão você mesmo. Então se você apenas quer um aumento, mas não sabe de quanto está falando, provavelmente você não mereça um aumento salarial. Então, antes de prosseguir, se você quer um aumento de salário em seu trabalho (se você acredita que merece um aumento, pois está entregando mais valor do que está sendo pago para entregar), pense exatamente no número que você gostaria de receber a mais! Vamos, escreva o número em um papel, e vejamos como podemos chegar nesse número usando as estratégias a seguir.

Eu espero que não precise dizer para você pensar em um número condizente com a sua produtividade. Não adianta colocar qualquer número aleatório se na verdade você não está produzindo nada além daquilo que é esperado de você! Se você percebeu que ainda não merece um aumento, não tem problema, coloque primeiramente em prática todos os outros conceitos apresentados aqui neste livro e em seis meses você poderá voltar a este capítulo e pensar novamente em um aumento, só que dessa vez com muito mais convicção. Lembre-se que o aumento de salário nada mais é do que um reajuste relativo ao trabalho de qualidade e volume excedente que você está desenvolvendo, e pelo qual não vem sendo remunerado.

Não há nada mais justo do que recebermos em uma empresa um salário de acordo com o resultado que ajudamos a produzir. Aliás, não há prazer maior para um chefe do que retribuir ao seu funcionário com um aumento de salário, quando este funcionário produz bons resultados. Veja bem que eu não disse dar um aumento, mas retribuir. Pois o aumento de salário, logicamente, somente pode acontecer com um aumento de produtividade, ou de resultado. E assim como eu disse que nada deixa um chefe mais feliz do que retribuir esse bom desempenho de seu funcionário, da mesma forma, nada incomoda mais um patrão do que ter que aumentar o salário de um funcionário que quer um aumento, mas que não faz jus a um aumento, e que ainda por cima, não raras vezes, ainda produz menos, e que apenas usa a justificativa do aumento baseado no tempo de serviço. Para tempo de serviço bastam os reajustes anuais, aos quais a empresa é obrigada a reajustar no salário do funcionário. Além do mais, pedir um aumento de salário, geralmente é um fracasso, e um momento tenso, basicamente porque o funcionário não sabe solicitar esse aumento. Este capítulo irá ajudar você funcionário a conquistar o seu devido aumento, e saber se de fato você o merece.

Em primeiro lugar, é preciso compreender a lógica do aumento de salário, e porque é tão difícil consegui-lo. Para compreender isso, é preciso colocar-se no lugar do chefe. Faça esse exercício de imaginação por apenas um minuto e você já terá uma visão muito mais clara da situação. Pense por um minuto o quão difícil deve ser para o seu chefe ser dono de uma empresa ou setor. Pense na sua casa. Você deve pagar impostos e contas básicas como luz e água, certo? Agora imagine essa conta multiplicada por várias vezes dentro de uma empresa. Mas não é você quem precisa se preocupar com isso, afinal de contas, você é apenas o empregado. Muitas vezes a economia de um país não vai bem, e seu chefe precisa demitir funcionários. Você acha que seu chefe quer demitir alguém de dentro de sua própria empresa, sendo que isso nada mais significa que seus negócios não estão indo bem? Além disso, ainda existem os sindicatos, que a todo o tempo colocam empresa e funcionário um contra o outro, como se os patrões quisessem ver o mal justamente das pessoas mais importantes para eles, que são seus funcionários. Nossos chefes ainda precisam aguentar a má vontade de muitos funcionários. Mas o chefe, além de tudo isso, não é responsável apenas por remunerar o funcionário pelo trabalho desenvolvido, mas ainda por cima, por todas as horas em que o funcionário não irá produzir absolutamente nada, como férias, feriados, e finais de semana. Entretanto, o seu chefe não dispõe de tais benefícios e, portanto, se seu chefe não trabalhar direitinho, e se não pensar na empresa nos 365 dias do ano, ele não terá dinheiro para suas próprias despesas, férias e feriados. Seu chefe com certeza ganha mais do que você, e você deve ficar muito feliz por isso, pois isso indica que ele é um chefe inteligente e eficaz. Entretanto, se seu chefe quiser ganhar ainda mais dinheiro, ele não tem como pedir aumento para ninguém. Fato curioso esse. A única alternativa que ele tem é produzir mais, melhor, com mais eficiência; ou seja, sendo mais criativo. Entretanto, há uma pessoa que pode ajudá-lo a ganhar mais. Você. E se ele ganhar mais, e se ele perceber que é você quem o está ajudando, você acha que ele vai se incomodar de compartilhar o sucesso que é de ambos, com um aumento merecido de salário a você? Claro que ele pode achar ruim, afinal de contas ele é um ser humano, mas se ele for inteligente, ele vai gostar de aumentar o seu salário, pois irá motivar você, e você estando motivado, irá produzir mais, e produzindo mais, ele ganha mais, e logo, você também ganha mais.

Ou seja, resumindo toda essa ideia. É muito mais fácil ser funcionário. O patrão tem muito mais responsabilidades e problemas para resolver do que o funcionário. Ele está correndo muito mais riscos do que nós. Ele tem muito mais capacidade intelectual e emocional para sentar na cadeira de chefe do que nós. E se você discorda e se ofende com a minha opinião, então sugiro que você abra uma empresa e faça como o seu chefe, que gera empregos, ao invés de ficar reclamando.

Mas enfim, se você já percebeu que o meu interesse é o bem comum, seu e o do patrão, e que acima de tudo, assim como o patrão, sei que não existe empresa sem funcionários, e que coloco muito mais peso do valor do empregado, então compreenderá que minha intenção é provocá-lo a compreender como as coisas funcionam, a fim de tirar o maior proveito possível da situação, e também a fim de contribuir o máximo possível para o bem de todos.

Então, para conquistar o merecido aumento, é importante observar que não estou usando a expressão ganhar aumento, pois ninguém ganha nada no mundo empresarial, mas conquista por

SIGA O LÍDER (COMO SER UM ÓTIMO FUNCIONÁRIO,
NUNCA SER DEMITIDO E CONQUISTAR TODAS AS PROMOÇÕES)

merecimento; então, para conquistar seu merecido aumento, você, em primeiro lugar, terá que aumentar o seu próprio valor dentro da empresa; e aumentar o seu valor significa aumentar o valor que a empresa consegue aumentar, por intermédio de seu trabalho em seus resultados. Muitas pessoas depois de formadas na universidade vão direto ao RH solicitar um aumento de salário, porque agora têm um diploma. Erro crasso. Seu diploma só terá validade e peso para fins de aumento de salário se você estiver colocando em prática o que aprendeu na universidade, e com isso a empresa estiver alcançando melhores resultados; se assim não for, e se você estiver desenvolvendo o seu trabalho, depois de ter conquistado o diploma universitário, da mesma forma que fazia antes de ter o diploma, então esse documento não vale nada, e você, melhor do que eu, sabe, que não merece nenhum aumento, aliás, digamos que passou até a produzir muito menos se considerarmos a condição de potencialidade que desenvolveu após a graduação e que simplesmente não está colocando em prática. Então, como estratégia infalível para conquistar o seu aumento, comece a mostrar serviço de validade.

Pare de andar de cara fechada pelos corredores. Pare de se esconder de oportunidades novas de desenvolver diferentes atividades. Pare de agir como se seu chefe fosse seu inimigo, e passe a tratá-lo como um amigo. Seu chefe é um ser humano como você, e também quer ter um bom relacionamento com os outros colegas. Aliás, seu chefe já foi funcionário um dia, então ele sabe exatamente reconhecer quem são as pessoas que estão fazendo um bom trabalho, e que merecem um aumento. Portanto, se você estiver fazendo um excelente trabalho, há grande chance de que seu chefe lhe reconheça por isso com uma nova oportunidade de trabalho, e um aumento de salário. Aliás, isso é um aumento de salário; uma nova oportunidade pode não somente aumentar sua renda, mas suas responsabilidades dentro da empresa, e sua importância aos olhos da companhia.

Mas talvez você já esteja colocando em prática muito daquilo que até aqui falamos, mas o seu chefe ainda está tendo alguma dificuldade de compreender a sua importância. Nesse caso nada mais justo do que ajudá-lo a compreender o seu valor. Entretanto, agora é chegado o momento de você colocar em prática novas habilidades, tais quais, comunicação e técnicas de vendas. Mas isso pode não ser tão fácil para você. Para mim nunca foi. Mas não há outro jeito, é preciso enfrentar o possível medo, e compreender que esse momento também faz parte do nosso desenvolvimento.

É importante lembrar que o seu chefe é, acima de tudo, o seu parceiro, e não o seu inimigo. Será uma péssima estratégia simplesmente chegar despreparado para o seu chefe e pedir um aumento, pois lembre-se que ele já foi funcionário, então está preparado para esse momento mais do que você. Aliás, não apenas isso, mas além do mais, esse é mais um momento em que ele estará testando suas reais capacidades para angariar um pouco mais de salário, e quem sabe uma promoção de cargo que exige algumas habilidades a mais de você. Então, se a sua preparação de convencimento de que você de fato merece um aumento for boa, seu chefe lhe concederá um aumento de salário com todo o prazer do mundo, pois você o terá convencido de que ele está diante de um grande profissional, no qual é muito bom investir para que continue fazendo parte da empresa e de seus sucessos financeiros. Então vamos à estratégia de fato, passo a passo, pois é a respeito disso que você e eu estamos interessados.

Passo número um: você deve saber exatamente quanto quer receber de aumento! Inúmeros são os funcionários que vão pedir um aumento de salário, mas que não estipulam um valor, e não poucas vezes, ainda ficam insatisfeitos com o aumento que recebem. Pedir um aumento não é nada mais do que uma negociação, e a ninguém interessa mais o resultado dessa negociação do que a você; logo, não é difícil raciocinar que é você quem mais deve estar preparado para esse momento. E não há despreparação maior do que não saber nem sequer quanto se quer conquistar de aumento. Ninguém melhor do que você mesmo sabe o quanto vale o seu próprio trabalho, e o quanto você merece receber pelo melhor trabalho que vem desempenhando. Então, antes de pedir para falar com o seu chefe, sente e pense exatamente em quanto você quer conquistar. Isso mesmo.

SIGA O LÍDER (COMO SER UM ÓTIMO FUNCIONÁRIO,
NUNCA SER DEMITIDO E CONQUISTAR TODAS AS PROMOÇÕES)

Coloque agora mesmo no papel quanto você gostaria de conquistar a mais de salário.

Passo número dois: crie uma margem razoável para negociação. Como esse é sim um momento de negociação, como qualquer outro, e como você sabe muito bem o quanto quer conquistar exatamente de aumento, você deve estar preparado para não receber menos do que você espera e considera justo receber. Por isso é preciso criar uma sutil margem, um pouco acima daquilo que você quer conquistar de fato, para que no caso de seu chefe dizer não ser possível chegar no valor, você ter argumentos para uma possível negociação, demonstrando a ele interesse em colaborar com a situação e decisão da empresa. Por óbvio, nesse momento, você deve ser, em primeiro lugar, justo consigo próprio e não calcular ou estipular nenhum aumento de salário que não seja compatível com seu real incremento produtivo. E essa margem sutil de segurança para uma negociação não pode ser nenhum valor absurdo. Se o valor for exagerado, em primeiro lugar, você não terá argumento para justificá-lo; e em segundo lugar, você perderá completamente a razão de pedir um aumento de salário, perdendo já na arrancada para você mesmo. Essa deve, acima de tudo, ser uma negociação ganha-ganha. Você deve ficar satisfeito com o aumento de salário justo que merece, e a empresa também deve sentir que de fato, está investindo em um funcionário que pode contribuir com os resultados da empresa. E se você tem um valor mínimo de negociação, e tem convicção de que esse valor é justo, então por razão alguma aceite um valor abaixo daquilo que você considera correto. Então, caso seja necessário negociar, com sua margem de negociação para reduzir do valor inicial, não pule diretamente para o valor mínimo que você aceitaria receber, mas vá retirando de sua margem inicial aos poucos. E quem sabe com isso, talvez você até consiga um aumento um pouco acima daquilo que você estava querendo.

Por exemplo: digamos que você receba R$ 3.000,00 de salário. Você quer um aumento de R$ 500,00. Então você pede ao seu chefe um aumento de R$ 600,00. Sua margem de negociação é de R$ 100,00.

Suponhamos que ele diga que pode pagar no máximo R$ 250,00 a mais. Você não deve se espantar. Ao invés disso, diga que pode baixar no máximo R$ 25,00 reais de sua proposta. Com isso ele perceberá que você está preparado para a negociação (ideia que estudaremos no próximo item). Muito bem. Talvez ele diga que pode lhe pagar no máximo R$ 550,00 de aumento. Você então aceita a proposta e com isso ainda conseguiu R$ 50,00 a mais do que estava esperando. Uma dica muito importante nesse momento da negociação é sempre negociar com números "quebrados" e nunca números "cheios". Por exemplo, em nosso caso, você não poderia baixar de R$600 diretamente para R$ 550,00. Ao invés disso baixamos de R$ 600,00 para R$ 575,00. Você não pode dar "saltos" em sua negociação. Você até pode baixar na sua margem de negociação, mas aos poucos, e com valores quebrados. Você, em hipótese alguma, poderia baixar de R$ 600,00 para o valor mínimo que espera de aumento, de R$ 500,00. É importante, você NÃO deve tomar nenhuma decisão precipitada. Se preciso for, peça alguns dias para pensar. E a recíproca é a mesma. Se o seu chefe precisar de tempo para pensar, conceda o mesmo benefício a ele.

Esse é um exemplo de negociação séria. Preparada. E que respeita os dois lados da negociação.

Passo número três: prepare muito bem o seu argumento! Muito bem, você quer um reajuste do seu salário, e você sabe muito bem o porquê você quer esse valor. Então agora é o momento de você estar preparado para enumerar as razões pelas quais você merece esse aumento. Você não pode aqui simplesmente enumerar atividades que já são da sua obrigação desenvolver. Como você quer um aumento de salário, você deve basear todo o seu argumento em atividades extras que você está fazendo, ou atividades que estejam gerando melhores resultados para a empresa. Tome muito cuidado para não se comparar com outros funcionários, pois isto pode lhe colocar em uma situação perigosa, afinal de contas, eles podem estar fazendo um trabalho melhor que o seu. Portanto, foque apenas no que você está fazendo de melhor.

Confesso que é muito difícil colocar a etapa três em ação. Provavelmente você ficará nervoso. É por isso que é importante estar preparado. Escreva em um papel tudo o que você tem para dizer e os pontos que quer detalhar. Isso ajudará a memorizar as ideias. Esse é um dos momentos mais importantes da sua carreira profissional, então não coloque em risco o seu momento por não estar devidamente preparado. Você deve basear o argumento para os números que está apresentando em fatos concretos. Se o seu chefe perceber a sua preparação para esse momento da negociação, a chance de ele concordar com o aumento é de mais de 50%. O que é uma margem de possibilidade muito boa.

Passo número quatro: saiba ouvir o outro lado. É claro que nesse momento, a única coisa que importa para você é receber o seu devido aumento. Entretanto, é sempre importante saber ouvir o que o outro lado tem a dizer. Isso vale para qualquer situação de conflito entre pessoas. Não é somente o seu ponto de vista que importa, mas sim o seu e o da empresa. Com certeza o seu chefe irá trazer argumentos, os quais você desconhece, e que com certeza terão grande relevância para a negociação. Então, é importante e respeitoso saber ouvir. E não apenas isso, mas saber se colocar no lugar do outro, e contrabalancear a sua proposta com as propostas que ele lhe irá propor.

Quem sabe seu chefe, ao invés de concordar em lhe dar um aumento de salário, lhe proporcione outras oportunidades dentro da empresa, ou mais benefícios? Vale a pena aceitar? Você é quem deve decidir a respeito disso. Todo aprendizado vale mais do que dinheiro, então muitas vezes sim. Isso não pode, no entanto, significar apenas aumento de trabalho, mas sim de aprendizado. Além disso, por exemplo, ele pode lhe oferecer ajudar com os custos da universidade, pois quem sabe a empresa tenha algum convênio. Assim a empresa não terá que desembolsar dinheiro para lhe pagar um aumento, mas você, em contrapartida, estará de certa forma recebendo um aumento, que não apenas era o que você queria, mas que, acima de tudo, estará muito bem direcionado para a sua educação. Mas essa é uma decisão que cabe apenas a você.

Saber ouvir também significa saber esperar, pois como você estará propondo algo para o qual o seu chefe, em um primeiro momento, não estava preparado para discutir, é muito provável que ele não lhe dê uma resposta naquele momento. Ele pode lhe pedir algum tempo para pensar a respeito do assunto. Esse tempo para pensar não pode ser de mais de duas semanas. A não ser que ele lhe peça mais tempo, devido essa decisão depender de outras pessoas que estejam viajando, por exemplo. Você deve concordar com essa posição, mas isso não pode demorar muito mais do que três semanas também. Mais de um mês é tempo demais para pensar a respeito desse assunto.

Passo número cinco: esteja preparado para uma decepção. O melhor que pode acontecer em uma negociação é você conseguir aquilo que estava esperando conseguir. O pior que pode acontecer é você conseguir menos, ou nada. Verdade seja dita, há uma grande chance de você não ganhar o seu aumento. Os argumentos para isso são sempre os mais variados. O mais comumente usado é o de que a empresa está passando por uma crise, e que no momento não é possível, mas que assim que as coisas melhorarem, você receberá o seu aumento. O que você faz com essa informação? Porque, obviamente, qualquer possibilidade de negociação agora está encerrada, e nesse caso a empresa tem mais poder de negociação do que você.

A não ser que você tenha uma outra proposta em outra empresa, você se encontra agora em uma situação de poucas alternativas. Admito que seria muito difícil continuar trabalhando motivadamente depois de um balde de água fria como esse. Até porque nossa expectativa sobe muito quando planejamos pedir nosso aumento. Especialmente quando, além de pedir um aumento, ainda nos preparamos tão bem, como foi o nosso caso. O que você pode fazer aqui é pedir quanto tempo a empresa precisa para rever o seu caso, e depois do tempo transcorrido, voltar a tocar no assunto, seguindo os mesmos passos anteriormente sugeridos, incluindo, porque não (?), até mesmo um reajuste sobre a sua proposta, afinal de contas, algum tempo passou desde a sua primeira solicitação. Para que isso tenha poder de impacto, é importante que você não reduza o seu rendimento de trabalho, porque, absolutamente, a partir de agora, o seu chefe estará muito mais atento ao que você estiver fazendo. E mesmo que você consiga o aumento, espero não ter que dizer isso, mas você não deve reduzir seu rendimento.

Sexto e último passo: você tem todo o direito do mundo a pedir um aumento. Tenha isso presente com você o tempo inteiro. É um direito seu solicitar um reajuste justo de salário se você tem convicção de que está entregando um trabalho melhor para a sua empresa e chefe. O que acontece é que as pessoas, ou vão mal preparadas para uma negociação salarial, ou sentem-se desconfortáveis ao requerer o aumento. Lembre-se, portanto, de preparar muito bem o seu ponto de vista, pois se não o fizer, você realmente não merece o aumento. E, além disso, tenha a convicção de estar cumprindo com um direito seu. Não tenha receio e não pense que seu chefe irá ficar brabo com você em virtude dessa solicitação. A não ser que ele seja uma pessoa ignorante e despreparada, tenho certeza de que ele vai respeitar muito a sua posição. E se você estiver de fato preparado, com argumentos válidos, é quase impossível não conquistar o que você procura.

Ninguém sabe melhor do que você mesmo o quanto você merece e é capaz.

O BONZINHO MORRE COITADINHO

Acostume-se com o fato de que a vida é um lugar difícil, e que acima de tudo, o que reina aqui é a lei da selva. Por mais que algumas pessoas tentem amenizar as dificuldades de vida da humanidade, a roda sempre gira, e acabamos sempre nos deparando com o inevitável drama que é viver. A razão disso é que não há como fugir das leis básicas da natureza. Não há como parar a força da gravidade. Não há como trapacear a morte. Olhe para a natureza, e pereba como ela é ríspida. Por vezes até mesmo cruel. Existe alguma forma de parar isso? Não. O que se pode fazer? Uma opção é ser firme e consciente dos fatos inevitáveis. Não lutar contra eles. Ao invés disso, jogar pelas regras do jogo.

Gosto muito de estudar história e de acompanhar os revezes políticos da sociedade. E é notável como um dos gritos de guerra que sempre mais angariou votos, foi o de defesa dos pobres, e dos fracos e oprimidos. Nunca demora muito, e aqueles que se diziam os defensores dos injustiçados se tornam eles próprios os algozes. Não adianta; o poder corrompe. O dinheiro inebria como o álcool. Não adianta tentar mudar as regras do jogo da vida, pois quem nasceu para vencer vai sempre vencer, e quem nasceu para perder, vai sempre perder, é tudo apenas uma questão de tempo. O rico é rico não porque ele tem dinheiro, mas sim porque ele não tem medo de agir, e é inteligente em suas ações. O pobre não é pobre porque não tem dinheiro, mas sim porque é preguiçoso, e prefere agir como frágil e coitado. Na lei da selva, os animais que agem assim são devorados, e não há ninguém para protegê-los. Na lei da vida é a mesma coisa, por mais que tentemos mudar as coisas. Eu sei que serei criticado por dizer coisas assim, mas cabe a você escolher se vai de uma vez por todas tentar compreender as regras do jogo, e se preparar para enfrentá-lo; ou se vai preferir fazer o papel de vítima, e continuar clamando por socorro e proteção. Eu de minha parte sei que posso apanhar da vida, mas de forma alguma vou me intimidar, prometo que irei revidar com todas as minhas forças e artimanhas.

Então, ao invés de ficar esperando sua vida melhorar, ou aparecer alguém para lhe dar o que você quer, é mais fácil você começar a jogar o jogo pelas regras que estão postas. E talvez não haja forma melhor de melhorar as coisas, do que fazendo uma dura autocrítica. Porque não há ninguém mais responsável por nossos fracassos do que nós mesmos. E não há ninguém que poderá nos tirar dessa situação, a não sermos nós mesmos. Não adianta votar no seu candidato favorito, ele não vai te ajudar. Não adianta criticar o sistema, ele não vai mudar. Não resolve nada agir como vítima. Não há solução em nada disso, se antes de tudo não nos tornarmos de fato a solução para tudo o que nos aflige. É somente nesse momento que as coisas começam a mudar.

Portanto, observe como os pobres aceitam a sua condição. Eles podem até nascer em condições de vida precárias, e a vida deles até pode ser mais difícil, entretanto, a vida é assim mesmo. Digamos que a vida sabe ser injusta e cruel com algumas pessoas. O problema todo não é a situação que se impõe, mas a situação que aceitam como verdade. Ninguém precisa ser pobre para sempre. Nós podemos mudar de vida. Se condição de vida fosse de fato sentença de pobreza, ou garantia de bem-aventurança, então pessoas que nascem na riqueza, nunca teriam problemas, e nunca virariam bandidas. Mas não é isso o que acontece. Todos nós estamos sujeitos a qualquer alegria ou tristeza nessa vida. Acomodados como estão com sua condição de vida, os pobres andam de cabeça baixa. Eles amam aquela máxima que diz que todos os seres humanos são iguais, mas na presença de um rico, eles se apequenam e envergam a coluna, em sinal de submissão. Não estou dizendo que os pobres deveriam desrespeitar os ricos, mas sim que não devem agir com tamanha humilhação. Alguns pobres ainda se dão o desrespeito de tratar pessoas de mais status social com pronomes de tratamento como Senhor ou Seu. Eles dizem, por exemplo, Seu Carlos quando estão na presença de alguém importante. Não existe nada mais ridículo e prova viva de que pobres se colocam na posição de pobre.

Pobres também não gostam de trabalhar; enquanto que os ricos se pudessem nem dormiriam para poder trabalhar um pouco mais. Mas então o cara que é pobre, vai agora se irritar e me dizer que trabalha tantas e tantas horas, e que não é reconhecido pelo patrão. É exatamente assim que os pobres pensam. Eles trabalham tantas e tantas horas, mas é por obrigação. Com dificuldade. Fazem porque têm que fazer. Pobre ama a sexta-feira porque é o último dia de trabalho. Enquanto que muitas vezes sexta-feira é o dia que o rico viaja para outra cidade, ou país, para fechar um grande negócio, e voltar a trabalhar na segunda-feira, ainda mais motivado e feliz. O pobre vai voltar na segunda-feira cansado, e um pouco de ressaca, de tanto que tentou aproveitar as poucas horas de vida longe do trabalho no final de semana. Mas então você pode dizer que existem muitas pessoas em condições de vida financeira considerável, que agem com repúdio ao trabalho. Sim, pois não basta ter dinheiro para ser rico, é preciso ter a postura e a mentalidade de rico.

Não é a falta de dinheiro que faz a pessoa ser pobre, mas a falta de atitude, postura e mentalidade. Pobres sempre se fazem de vítimas. O governo é o culpado por suas vidas, e os ricos são os culpados por explorá-los. Nasceram em condições difíceis. É a criminalidade. É a falta de oportunidades da vida. É a falta de educação. Se fosse há muitos anos atrás, essas justificativas até poderiam ter alguma influência sobre a vida das pessoas. Contudo, atualmente, as pessoas têm muito mais liberdade de virar a mesa do que antigamente. E não estou falando de virar a mesa pela via da violência, pois não há nada mais de pobre do que a violência e a corrupção. Um corrupto que desvia milhões e usa terno importado não é rico, não se engane, essa é talvez a pessoa mais pobre que existe na face da terra. Uma mãe solteira que foi abandonada pelo marido, com cinco crianças pequenas, que ainda adota mais uma, é a pessoa mais rica do mundo (estou me referindo a um caso real). Reclamar das condições sociais é fácil, agora tirar uma hora por dia para ler um bom livro, e começar a dar um passo significativo na mudança de vida, muitos não querem fazer. Claro, preferem reclamar. Falam que o país não dá educação, mas esquecem que o conhecimento está disponível gratuitamente na internet, com vídeo aulas, documentários, livros digitais gratuitos, e muito mais. Mas é que ir em busca da educação dá trabalho. É mais fácil ficar reclamando e jogando vídeo game.

Por falar nisso, pobres adoram perder tempo jogando vídeo game e assistindo novela, enquanto poderiam estar muito bem fazendo algo realmente produtivo. Já sei até o que vão dizer. Ah, mas eu chego cansado e não tenho vontade de estudar. Eu chego em casa e tenho que lavar roupa e preparar a janta da família. Eu sei de tudo isso, porque eu já passei por tudo isso. Lembre-se que ricos não reclamam, eles acham soluções. Um rico simplesmente acordaria uma hora mais cedo todos os dias para aproveitar a melhor hora do dia e a melhor energia, justamente para estudar. E quanto aos afazeres de casa que não dão lucro nenhum, simplesmente deixe de fazer alguns deles alguns dias, e vá estudar. A pobreza pode esperar, a riqueza exige esforço.

Isso me faz lembrar um amigo que é pobre, e que trabalha em uma empresa na área de produção. Certo dia estávamos conversando, e ele me disse que queria concluir o ensino médio. Ele já tinha 20 anos. Então o incentivei a fazer um intensivo, e em um ano encerrar o ensino médio, para que depois ele pudesse ingressar em uma faculdade. No entanto, ele me respondeu que lhe faltava vontade, e que não tinha a mesma determinação que eu para estudar e ler. Eu sei que todas as noites ele chagava em casa e ia jogar vídeo game. Ainda tentei fazê-lo mudar de ideia ao provocá-lo com o pensamento de que no futuro, quando ele olhasse para trás, ele ia se arrepender daquela decisão, tentando motivá-lo a retornar com os estudos. Ele foi muito motivado em concordar com a minha opinião, mas nada fez para mudar. Eu profundamente torço para que ele nunca olhe para o passado e se arrependa de suas decisões do presente.

Essa memória também me faz lembrar outro amigo. Ele tinha três filhos com três mulheres diferentes. Paga pensão para duas

SIGA O LÍDER (COMO SER UM ÓTIMO FUNCIONÁRIO,
NUNCA SER DEMITIDO E CONQUISTAR TODAS AS PROMOÇÕES)

ex-mulheres, e ama a todos os filhos. Mas ele não é financeiramente rico. Tem suas falhas de comportamento, mas é um cara muito trabalhador. Não apenas isso, mas ele sempre deixa bem claro o seu amor pelo trabalho e pela empresa. Percebendo alguma oportunidade de melhorar de vida, e que deixou por muito tempo os estudos de lado, ele resolveu, apesar de toda a dificuldade financeira, começar a estudar Inglês. Ele poderia simplesmente argumentar que já tinha mais de 30 anos, e que não adiantava voltar a estudar agora, mas não fez isso. Ele deu um jeito, e foi em busca daquilo que percebia ainda ser uma luz no fim do túnel. E digo para você, esse cara vai longe.

Por falar em colegas de trabalho, não posso deixar de mencionar um que sempre dizia que o bonzinho morre coitadinho. A primeira vez que ouvi aquela frase, confesso que achei de mau gosto. Inapropriado para alguém em uma posição de liderança. Mas depois de um tempo, não pude deixar de concordar que há nela um profundo senso de verdade. E a verdade é assim mesmo, nós sempre temos duas opões: a gente pode negá-la; ou encará-la de frente. Depois de um primeiro titubeio, eu preferi encará-la de frente, apesar de toda a sua cruel veracidade. O mundo é duro mesmo, e de fato, o bonzinho morre coitadinho. O bonzinho leva cacetadas da vida. O bonzinho não tem postura. O oposto de bonzinho não é ser uma pessoa ruim, eis a grande verdade por trás dessa frase, mas sim alguém que justamente tem coragem e postura suficientes, para ser uma pessoa que respeita os outros, mas que também sabe impor respeito. Lembre-se que Jesus na bíblia, apesar de santo, de bobo não tinha nada. Lembre-se de como ele se revoltou, e virou as mesas daqueles homens que profanavam a casa de seu pai. Lembre-se de como, mesmo diante de pessoas corruptas e sanguinárias, ele mantinha uma postura de autoridade, e uma voz que falava com firmeza e intrepidez. O bonzinho não age assim, o bonzinho treme na voz. Ele se encurva diante da autoridade por medo. O bonzinho não almeja subir na vida, por medo. O pobre vive reclamando da vida, enquanto que o bonzinho não reclama, mas também não faz nada para mudar, e ambos morrem afogados na mesma água; enquanto que o rico vem, batendo os braços, e chega em terra firme, para desfrutar de todas as benesses do seu árduo trabalho.

Não pense que eu falo assim por desrespeito aos pobres ou por repúdio a eles. Não tome as minhas palavras como ofensas. Porque não são. A minha única intenção é a de ajudar as pessoas que hoje se encontram em uma situação de vida difícil. Infelizmente ficar passando a mão na cabeça não vai ajudar, só vai piorar. O conforto de achar que estamos sendo reconfortados por alguém apenas nos faz acostumar com uma situação ruim, enquanto que uma verdade jogada sobre nossa cara, com toda a dor que pode por ventura causar, tem o poder de nos fazer acordar, e fazer pelo menos alguma coisa para mudar de vida.

Ninguém pode fazer mais para mudar nossa situação de vida do que nós mesmos. Sim, eu sei que a nossa vida às vezes é muito difícil, mas falar sobre isso não é nada mais do que perda de tempo precioso. Enquanto uns falam de seus problemas, há outros que engolem as amarguras, e arregaçam as mangas. Há alguns que fingem haver algum mérito em ser pobre. Sinceramente, acredito que não. Há mérito sim em ser humilde e honesto, mas em ser pobre não. É repugnante ser rico à custa do roubo e do crime, mas ser um rico que trabalha duramente merece todo o nosso aplauso. Ser rico não é apenas uma questão financeira, pois uma tragédia pode levar embora todo o nosso dinheiro do dia para a noite. Entretanto, a riqueza que reside na força de trabalho e de inteligência daquelas pessoas que lutam, apesar de qualquer dificuldade, é a maior riqueza que pode haver dentro de um ser humano.

Então, se o objetivo é mudar de vida, erga a cabeça, demonstre respeito pelas pessoas, e acima de tudo por si mesmo. Apesar de todas as dificuldades, tome a iniciativa de investir não apenas dinheiro, mas tempo e amor em seus estudos. Comece a ir ao trabalho todos os dias com amor e felicidade, pois não há nada pior do que estar desempregado. Faça da sua sexta-feira o dia mais produtivo de trabalho, e de sua segunda-feira o dia mais lindo de sua vida. Não gaste o seu dinheiro sofrido com porcarias, pois é isso que os pobres fazem. Não faça parcelas em lojas populares, pois é isso o que os pobres fazem. Ao invés disso, invista na sua educação e na educação de seus filhos. Comece a comprar à vista e chorando por desconto, pois é isso o que os ricos fazem. Mude a sua mente e a sua postura, e a sua vida começará a mudar. As coisas levam tempo para mudar, mas elas mudam. Às vezes é preciso também mudar as companhias com quem andamos. Pare de frequentar os bares e os salões de beleza de fofocas, e passe a frequentar cursos profissionalizantes, e atividades recreativas, dentro de sua própria empresa. Mostre o que há de melhor dentro de você. E se você gosta tanto assim de jogar vídeo game, perdoe-me se fui um pouco preconceituoso com essa atividade, mas antes de se permitir atividades de lazer, tenha certeza de ter antes lido dez páginas de um bom livro educacional. Apesar de meu salário não ser dos melhores, eu hoje já não sou pobre, me considero um dos homens mais ricos do país, pois trabalho com amor e honestidade.

O bonzinho morre coitadinho. E o maldoso morre pior ainda. Tenha a atitude certa.

NÃO BASTA TRABALHAR MAIS, É PRECISO TRABALHAR COM INTELIGÊNCIA

Trabalhar é a parte fácil da nossa profissão, difícil mesmo é pensar. Pense bem, quando trabalhamos, apenas colocamos em prática rotinas de atividades das quais dominamos os procedimentos, e por mais que tenhamos muitas atividades a desenvolver, não é a sua complexidade a causa de nossos problemas, mas sim a quantidade. Entretanto, trabalhar não é necessariamente o que nos ajuda a produzir lucro. O que nos faz produzir dinheiro é a capacidade de pensar. E isso sim é algo difícil de fazer: pensar. Não é o trabalho que faz alguém rico, feliz, ou bem-sucedido, mas sim a capacidade cognitiva, saúde física, mental e amar o que faz.

Por dois anos de minha vida trabalhei em três empregos fixos, e ainda atendia alguns clientes esporadicamente. Quando eu falava isso para as pessoas, todas diziam que eu estava ficando rico. Eis aqui a grande falácia e lógica errada das pessoas. Trabalhar mais não me faz ganhar mais dinheiro. Eu até tinha sim mais dinheiro na minha conta, mas apenas porque eu estava trabalhando mais horas do que o normal. Ganhar mais dinheiro significa produzir mais capital, com a mesma quantidade de trabalho anterior ao aumento de capital. No meu caso, eu estava aumentando o capital concomitante ao aumento de horas trabalhadas; ou seja, não estava ganhando mais, e não estava ficando rico. Para falar a verdade, eu estava era perdendo; eu estava empobrecendo. Porque, efetivamente, eu estava abdicando das minhas tão necessárias horas de lazer, e horas de estudo para aprimoramento da minha carreira profissional. Eu estava deixando de exercitar meu corpo como deveria, e estava dormindo muito menos do que fisiologicamente precisava. A única coisa boa que pude aprender com esses dois anos de "sofrimento" foi o de que eu só consegui fazer isso, pois estava atuando em uma área de trabalho que amava. E também me foi possível descobrir os limites do meu corpo e de minha mente, que para a minha surpresa, são bem elásticos.

Fato é que percebi que, na verdade, trabalhar muito tem pouco mérito. Isso é até mesmo uma demonstração de incompetência e baixa intelectualidade. Sim, estou aqui atacando o meu próprio comportamento em certa fase de minha vida, pois a realidade é que isso é um fato claro para mim. E também porque percebo frequentemente o semblante carrancudo de pessoas que me dizem o quanto trabalham, esperando despertar em mim algum tipo de admiração. A única coisa que sinto por tais pessoas, é a mesma coisa que sinto quando lembro de mim, naqueles dois anos de trabalho tão intenso: pena.

Trabalhar muito e sofridamente é o preço que se paga por não querer usar a mente. Usar a inteligência é muito mais difícil do que usar o corpo. Criar formas de trabalho inteligente é muito mais difícil do que apenas desempenhar uma atividade. Sou capaz de acreditar que sofremos com trabalho exagerado por não nos darmos o trabalho de justamente usar nossa inteligência. Acumuladores de tarefas podem até ter uma certa áurea de meritosos, mas não são. Meritosos são aqueles que encontram maneiras eficientes de desenvolver um trabalho produtivo, no menor espaço de tempo possível. Ou ainda, pessoas que encontram a melhor forma de gerar dinheiro, com o menor tempo e trabalho possível. E se não for possível gerar mais capital com menos trabalho, vale a pena trabalhar menos, pelo simples fato de que trabalhar mais, irá apenas gerar a mesma proporção de dinheiro. Melhor seria investir tal tempo em aperfeiçoamento educacional.

Orgulho-me muito de ter passado por uma empresa que, mesmo em épocas de crise, investia na educação de seus funcionários. Ora, essa é uma empresa genial. Se não é possível resolver os problemas financeiros com o trabalho desenvolvido, vamos pelo menos investir em algo que realmente aumenta o valor da empresa: a inteligência das pessoas.

SIGA O LÍDER (COMO SER UM ÓTIMO FUNCIONÁRIO,
NUNCA SER DEMITIDO E CONQUISTAR TODAS AS PROMOÇÕES)

Depois de uma década de experiência profissional, chego à conclusão de que é importante gostar e saber trabalhar duro, sim, mas não muito. Trabalhar muito significa ineficiência, e até mesmo preguiça. Sim, preguiça. Pois veja bem que, fazer muito do mesmo trabalho, não implica dificuldade nenhuma, apenas repetição e um arrastar do tempo; enquanto que, produzir um trabalho de valia sim causa muito esforço. E se trabalhar muito então é de certa forma preguiça de pensar; trabalhar duro não. Pois trabalhar duro remete à ideia de colocar em prática uma boa ideia. E ter essa boa ideia é o grande desafio. Então às vezes é melhor parar tudo o que se está fazendo, quando percebemos que não estamos mais gerando um trabalho rentável, e pensar em uma forma melhor de gerar menos dispêndio de tempo e esforço, a fim de gerar mais resultado.

Talvez alguém agora possa pensar que a vida anda muito difícil, com muitas contas para pagar, família para sustentar, crianças pequenas para criar, despesas hospitalares inesperadas, necessidade de fazer hora extra para pagar por tudo isso, falta de tempo e recursos para investir em educação etc. e tal. Qualquer que seja a justificativa de uma pessoa para ter que trabalhar muito, mesmo que bem intencionada, isso não passa de falta de organização. A pessoa trabalha muito por não ter aplicado à sua vida uma organização racional. Não são poucas as pessoas que vão se deixando levar pelo acaso, sem fazer qualquer planejamento, e quando percebem, estão atoladas em uma lama de responsabilidades, da qual não conseguem sair. Ora, deve haver uma lei universal, que diz que não se pode ter tudo ao mesmo tempo; portanto, é preciso pensar muito bem antes de tomar qualquer decisão, e saber abrir mão de tantas outras coisas que gostaríamos de ter, mas que não podemos.

Além do mais, existem decisões que têm efeito de curto prazo, e outras que têm efeito apenas de longo prazo. É muito mais prazeroso comprar uma televisão nova hoje, e poder assistir meus programas favoritos, e sentir os efeitos imediatos dessa ação, do que investir em educação hoje, e que mostrará seus resultados apenas daqui dez anos. É muito mais prazeroso se entregar às delicias alimentares, sem se preocupar com seus efeitos, do que ter uma vida alimentar parcialmente regrada, e regada a exercícios físicos regulares. As primeiras ações geram prazer imediato; as segundas, apenas no longo prazo. As primeiras ações são resultado do trabalho sem pensar; as segundas, do trabalho pensado. As primeiras ações, no longo prazo, vão gerar muito mais desgaste, estresse e trabalho. As segundas, mais trabalho e dificuldade no começo, mas prazeres indizíveis no futuro.

Nas ações profissionais é a mesma lógica. É preciso pensar para gerar bons resultados e lucros. Ações desprovidas de inteligência são apenas ações. De tempos em tempos é importante rever nossas atividades, e o efeito delas sobre o resultado geral. É importante pensar, será que não estou apenas trabalhando mais? Será que não há uma forma de trabalhar menos, e gerar o mesmo resultado? Ou quem sabe, até mesmo mais resultado, com menos trabalho?

É por isso que empresas em situações difíceis contratam profissionais de fora da empresa, ou aspirantes dentro da própria organização. É porque essas pessoas veem com uma nova visão sobre os processos estabelecidos. Não são raras as vezes em que pessoas de fora analisam um processo, e com poucas mudanças de até baixo custo, são capazes de melhorar os processor e rendimentos significativamente.

E quando trabalhamos mais porque na verdade colocamos pouco esforço em nossas ações? Quantas não são as pessoas que fazem muitas horas extras porque têm baixo rendimento? Ou porque são mal-intencionadas mesmo, pois sabem que na hora extra receberão mais pelo trabalho? Essas pessoas realmente não estão aplicando inteligência em seus trabalhos. Pois veja que a hora extra é uma compensação sobre o salário, justamente porque aquele trabalhador poderia, naquele horário extra, estar fazendo algo de muito mais interessante para ele mesmo, ao invés de ter que estar ali na empresa, trabalhando para o patrão. O patrão sabe que ambos estão perdendo com aquela situação. O patrão perde porque tem que pagar mais; e o funcionário perde porque o acréscimo sobre o salário não compensa tudo de maravilhoso que o funcionário poderia estar fazendo fora da empresa. Mas há muitos funcionários que não percebem essa lógica, e acreditam que estão passando a perna no patrão. Estão na verdade passando a perna em si mesmos, e jogando fora um tempo precioso de vida. O funcionário inteligente ama o que faz e se entrega ao máximo durante as horas de trabalho, para que depois disso esteja livre para fazer o que bem achar melhor, especialmente atividades que lhe tragam desenvolvimento pessoal. É claro que compreendo que muitas vezes, justificadamente, precisamos trabalhar algumas horas extras, pois a demanda de serviço naquele período de fato aumentou. Compreendo isso. Espero, na verdade, é que você esteja acompanhando o meu raciocínio e compreenda a essência do que quero transmitir, e não se apegue às situações esporádicas. Use a sua inteligência, por favor.

Essa é uma ideia, aliás, muito importante para empresas que se encontram em situações difíceis. Em primeiro lugar, sempre que analisamos uma empresa em crise, perceberemos que ela representa, de certa forma, aquela família que não tomou as decisões certas quando teve a oportunidade, e que agora paga o preço por sua falta de planejamento. Ou seja, faltou pensar quando havia tranquilidade para tal. E que, assim como aquela família, que agora está sobrecarregada por contas e pessoas no grupo, essa empresa agora também acredita que a solução para os problemas é trabalhar mais. Infelizmente não. Até vai convencer algumas pessoas, mas não vai resolver o problema. A única coisa que sempre resolve qualquer problema, ou situação difícil, é pensar com calma, agir com sabedoria, e deixar o tempo trabalhar. No caso de não pensar antes dos problemas aparecerem, é preciso parar para pensar quando os problemas já estão aí. Não adianta, trabalhar mais não resolverá o problema. Às vezes é preciso trabalhar até muito menos, seja reduzindo o número de funcionários, seja estrategicamente reduzindo o tamanho da empresa, ou outras ações.

No caso do funcionário, que já trabalha muito dentro de uma empresa, a solução pode ser, por exemplo atuar mais fora da empresa.

Um sem número de pessoas encontra-se em uma situação de vida onde tudo o que tem são: responsabilidades, família e trabalho; e nenhum tempo de alegria para si mesmos. Com isso, o rendimento em todas as áreas reduz. A coisa certa a fazer nesses casos é parar. Uma solução, por exemplo, pode ser, entrar em uma academia e tirar três vezes por semana uma hora para se exercitar. Com isso, a qualidade física de vida melhora, bem como a condição psicológica de motivação. Essa pessoa, automaticamente, começará a produzir mais e melhor, na empresa e na vida pessoal. Novamente, para aqueles que acharem a ideia absurda, ou que não têm tempo, é porque são na verdade desorganizadas. Se você já não tem tempo para mais nada na sua vida, então é você mesmo que está precisando chutar o balde, e simplesmente puxar o freio de mão em algumas situações para trazer o carro de volta à pista, e com força total.

A mãe que tem crianças para cuidar, marido, dois trabalhos, e ainda ajuda a sogra que está numa cadeira de rodas, é justamente a pessoa que deve dizer para a família: "hey, eu preciso de um tempo!". "Eu preciso voltar a estudar." "Eu preciso de uma hora por dia para ler bons livros." "Eu quero fazer academia três vezes por semana." Tenho certeza de que organizando sua vida e redistribuindo responsabilidades você conseguirá encontrar tempo na agenda para fazer pelo menos uma coisa inteligente que lhe ajudará a melhorar sua condição de vida no futuro. E pense bem nisso: ações de longo prazo requerem dedicação e comprometimento. Ficar parando as atividades que você começa, porque parecem não dar resultado, é sinal de fraqueza e preguiça. Não deixe os desânimos temporários roubarem a sua vitória futura. Pare hoje a sua vida, e pense em uma coisa que você precisa fazer, para melhorar o seu trabalho e vida pessoal, e também que atividade pessoal lhe deixará mais feliz. Garanto a você que, os resultados dessa decisão e ação, lhe trarão muitos frutos positivos, e até mesmo uma redução da carga de trabalho.

Talvez a minha explicação não tenha lhe deixado muito claro, que opção você dispõe de ações, que lhe ajudarão a ter um melhor rendimento, e resultado de trabalho. Mas você precisa compreender que a ideia deste capítulo, pressupõe que o exercício de parar e pensar, recaia justamente sobre você. Eu não posso pensar por você, e encontrar a solução para os seus problemas. Assim como você não teria condições de me ajudar. Porque ninguém conhece a você melhor do que você mesmo, e ninguém entende melhor do seu trabalho, por mais simples que possa parecer, melhor do que você mesmo. Então é com você. Tire um tempo para pensar. A resposta não precisa vir imediatamente. Parar para pensar não implica ficar parado pensando; mas sim estar em movimento, e deixando os pensamentos revolverem em torno do seu problema. Eu garanto a você que em menos de uma semana você já começará a vislumbrar algumas possíveis soluções para a sua condição. Verdade seja dita, se você está lendo este livro, isso significa que, você já começou a pensar em soluções mais eficientes para a sua vida. Portanto, vamos até o final, e mãos à obra. Ou, melhor dizendo, mente à obra.

Use a cabeça, ao invés das mãos. Dá mais trabalho, mas cansa menos.

FAÇA O QUE VOCÊ AMA OU
FAÇA COM AMOR

Talvez o primeiro líder que devemos seguir em nossa vida, é aquele que diz para nós, dentro de nós, o que nós de fato amamos fazer. Seguir essa voz interna deveria ser a responsabilidade de cada um de nós. Antes de optar por uma profissão, ou um curso preparatório, deveríamos analisar a nós mesmos com atenção, e descobrir o que dentro de nós nos move, para então optar por aquilo que mais nos traga excitação em viver, e desejo em levantar todas as manhãs. Há dentro de cada um de nós uma luz que brilha, alertando a respeito daquilo para o qual nascemos para ser. Alguns nasceram para ser arquitetos, outros advogados, outros pintores, alguns músicos, dentistas, donas de casa, babás, garis, surfistas, políticos, caminhoneiros, enfim, a lista é infinita. Existe dentro da sociedade uma infinidade de possibilidades de profissões, todas igualmente importantes. Então, o primeiro líder que deveríamos seguir, é essa tendência intrínseca que nos pende para alguma potencialidade. Se for bom em matemática, provavelmente devo optar por áreas que usam essa habilidade, pois com certeza serei feliz. Se for bom com linguagem, há uma gama enorme de profissões que me permitirão servir com minha aptidão, então serei feliz. Isso significa fazer aquilo que se ama. Seguir essa lógica primordial me fará ser feliz. Não a seguir me fará infeliz.

Alguns têm uma vocação, talento, e paixão pelo desenho, mas acabam optando pela advocacia. Outros têm uma capacidade física invejável, mas terminam seus dias trabalhando em um escritório, onde passam a maior parte do tempo sentados. Claro, todos nós temos dentro de nós infinitas possibilidades, mas não seguir aquela para a qual temos mais inclinação e paixão, nos fará menos desenvolvidos do que poderíamos ser, e consequentemente menos felizes. As razões para não optar por uma profissão são muitas, algumas são:

ou o salário é baixo, ou a profissão não é tão apreciada socialmente, ou chegar até lá requer muito esforço, ou ainda, muito investimento financeiro. Concordo com você que não se pode ter tudo o que a gente quer, ou que pelo menos não no tempo que a gente gostaria de ter. Entretanto acho que não devemos abdicar de nosso sonho profissional apenas por ele não ser palpável no momento presente.

Há aqueles que dirão que a questão financeira pesa muito no momento de escolher uma profissão. Eu concordo plenamente com esse argumento. E é justamente por concordar com ele, que minha opinião de trabalharmos naquilo que amamos ganha mais força. Pois, quando fazemos o que gostamos, fazemos isso muito melhor, e com isso aumentamos nossa chance de conquistar um salário melhor. Entretanto, se optarmos por uma profissão apenas em virtude da contrapartida financeira, deixando de lado nossa real paixão por aquela atividade, lhe garanto que mesmo a atividade que prometer a melhor remuneração, pagará a você muito pouco, pois você não estará nem em condições de fazer o seu melhor, nem em condições de entregar um ótimo serviço. Seria muito bom que eu nascesse com as habilidades do mundo da tecnologia, e desenvolvesse ideias revolucionárias que me ajudassem a ganhar muito dinheiro, mas talvez a minha realidade seja a de que eu sou um excelente professor. Nesse caso é muito mais lucrativo desenvolver uma atividade que eu amo, e na qual poderei em muito contribuir com a sociedade, sendo ainda por cima feliz, do que morrer tentando alcançar um patamar financeiro, em uma área que não me trará a mesma satisfação.

Sim, eu vivo, assim como você, no mundo da realidade, então eu sei que nem sempre podemos fazer o que amamos, pelo menos não agora. Então será que a solução é aceitar a situação passiva-mente e não sonhar com o futuro? Essa é uma possibilidade, mas uma muito triste. No caso de não podermos fazer o que amamos nesse exato momento, recomendo que no meio tempo, façamos com muito amor o que temos que fazer. Acredito que esse é o caminho para conquistarmos qualquer coisa nessa vida. Muitas vezes temos que ajudar nas despesas da família e na localidade onde moramos não há a opção do trabalho que tanto almejamos. Nesse caso, sugiro agarrar com ambas as mãos o trabalho que for possível e fazer o seu melhor. Garanto a você que essa atitude abrirá muitas portas. Ou talvez, pior ainda, você tenha que trabalhar em mais de um emprego. Só quem já passou por isso sabe da dificuldade que é uma situação como essa. A postura certa é encarar isto como uma situação temporária, que pode levar uns dois ou três anos, mas que pavimentará o caminho do sucesso no futuro, e das opções por outras atividades. Eu não estou falando da boca para fora não. Como já disse, também passei por uma situação em que por dois anos tive três empregos, e ainda atendia clientes esporádicos em situações especiais. A única vantagem que eu posso dizer que tive, foi a de estar fazendo o que eu amava, que era dar aulas de Inglês, e só por isso tive as forças necessárias para vencer o desafio.

Entretanto, antes de chegar à condição de fazer aquilo que amava, eu tive que trabalhar em atividades que eu simplesmente odiava. Acontece que, por uma educação que recebi de casa, aprendi que é certo sempre dar o máximo de nós em qualquer situação, e digo que isso funcionou. Em todos os trabalhos que eu não gostava por onde passei, deixei sempre uma marca positiva e bons resultados, que me abriram portas para novas atividades. Mas mais importante ainda, isso me ajudou a descobrir de fato o que eu gostava de fazer, pois ao eliminar da nossa lista de experiências aquelas atividades que não gostamos, vão ficando aquelas que mais nos agradam.

Esse, muitas vezes, é um problema para alguns profissionais, eles simplesmente não sabem o que amam fazer. Se você não é como o Kelly Slater, que desde criança sabia que queria ser um surfista profissional, e que veio a ser o maior surfista de todos os tempos, talvez o melhor a se fazer é ir testando algumas atividades. Quem sabe o melhor é trabalhar dois anos em uma atividade, mais dois em outra, três em uma terceira, e assim por diante, até encontrar uma atividade e um ambiente em que você se sinta feliz. Mas nunca fazendo corpo mole nas atividades e empresas em que você não ama estar. Sempre que achar que uma atividade é de fato insuportável, o melhor é pedir as contas. E o mesmo vale para a opção de curso a estudar na universidade. É sempre recomendável optarmos por aquilo que amamos. A questão financeira virá com o tempo, se optarmos por uma atividade que amamos. Mas se você realmente não sabe o que fazer, pelo menos comece em uma opção de mais ou menos interesse, e se perceber que não é o que você quer, não tem problema, mude sem medo. Mas pelo menos tente, e faça alguma coisa. Não use a dúvida como desculpa para ficar parado, essa é a pior estratégia e só trará arrependimentos no futuro.

E não importa o que acontecer, não tire o seu sonho do seu coração. Se não for possível realizar a atividade dos seus sonhos no momento, batalhe ao máximo no presente e com muito amor, para chegar onde você de fato almeja. Use o trabalho de seus sonhos como motivação para chegar lá, mesmo que tenha que passar por dificuldades no momento. Não importa onde você nasceu e o tamanho das dificuldades, tudo é possível, e você no fundo sabe disso. Eu sei que para alguns a escalada da montanha é mais alta e mais difícil, não vou negar. Mas sei que quanto maior a dificuldade, maior a felicidade de chegar. Há, sim, a grande chance de nunca chegar ao ponto máximo almejado, mas eu garanto que se você caminhar em direção ao seu sonho, você terá aberto muitas portas parecidas com o sonho almejado, ou quem sabe até descobrirá algo muito mais interessante, mas que era do seu desconhecimento antes do início da jornada. Por exemplo, talvez desde pequeno, você sonhou em ser jogador de futebol, mas acabou não conseguindo. Entretanto, nessa jornada, descobriu as possibilidades de ser um excelente preparador físico de atletas, ou um professor universitário de educação física. Quem sabe o seu salário não será o mesmo de um craque famoso, mas quem sabe a sua contribuição social possa ser muito maior; ou quem sabe você nem fosse tão feliz como jogador profissional, e sim muito mais em outra profissão similar. Mas acima de tudo, o que importa é sua satisfação e felicidade, juntamente a uma condição financeira que lhe permita viver bem.

SIGA O LÍDER (COMO SER UM ÓTIMO FUNCIONÁRIO,
NUNCA SER DEMITIDO E CONQUISTAR TODAS AS PROMOÇÕES)

E para finalizar, analisemos a questão do talento. Muitos têm uma concepção errônea desse termo, e acabam as vezes frustrados. Achamos frequentemente, erroneamente, que alguém tem, por exemplo, talento para ser jogador de basquete, como se a pessoa tivesse já nascido com aquela habilidade implantada dentro dela como se fosse um chip. Não é assim. O que acontece é que a pessoa, necessariamente, nasce em um ambiente com forte influência para alguma atividade. A partir disso, ela desenvolve gosto por aquilo, e passa a praticar tal atividade, com um nível de dedicação e atenção muito superiores a qualquer pessoa, que não tenha o mesmo interesse que ela. E é esse interesse que faz essa pessoa se tornar tão boa naquela área. Então, não é que o Michael Jordan foi um dos maiores jogadores de basquete da humanidade porque ele nasceu com a habilidade de ser um jogador especificamente de basquete, mas sim porque nasceu em uma comunidade onde esse esporte era referência forte para ele. Se ele tivesse nascido em uma comunidade onde o vôlei fosse a referência, e ele tivesse o mesmo apreço por esse esporte, com certeza teria sido um dos maiores jogadores de vôlei da história. Mas mesmo que tivesse nascido em uma comunidade onde a ginástica olímpica fosse uma forte influência, talvez não tivesse a mesma sorte, pois sua grande estatura física não lhe permitiria desenvolver aquela atividade com a mesma facilidade. Você percebe o que eu quero dizer? É importante avaliar quais das nossas condições naturais mais nos inclinam para uma atividade específica, que possa nos favorecer em nossa atividade profissional, nos proporcionando acima de tudo felicidade e prazer, sem esquecer é claro, que qualquer atividade pela qual optarmos terá seus níveis de desafios e momentos de tristeza; isso é parte natural da vida. Ou você acha que as coisas eram fáceis para o Michael Jordan e Kelly Slater, só porque eles faziam o que amavam? Aliás, acredito fortemente que quando descobrimos o que amamos, trabalhamos sobre-humanamente mais do que qualquer outra pessoa na mesma atividade.

Pensando nisso, ajuda muito a você, que ainda não descobriu exatamente o que fazer, pensar naquelas atividades que você fazia com mais dedicação quando criança, pois está aí uma dica importante sobre qual profissão escolher. Eu, por exemplo, quando resolvi mudar de profissão, e deixar um pouco de lado a atividade de professor de Inglês, recordei que na minha infância, eu era muito incentivado por minha mãe a escrever. Então comecei a escrever, e isso foi para mim muito fácil e prazeroso. Talvez eu não seja o Michael Jordan da literatura, mas com certeza trabalho com a mesma motivação e empenho que ele. Não recebo o mesmo salário, definitivamente, mas tenho certeza que sou tão feliz quanto ele foi enquanto jogador.

Mas enfim, se mesmo assim, com todas essas inspirações, você ainda não consiga se identificar com nada, então minha última sugestão sincera, é que transforme pela via da força isso que você hoje faz, naquilo que gostaria de fazer. Mesmo que você não gosta do que faz, comece a trabalhar com a dedicação de alguém que ama essa atividade. Se for uma atividade que ninguém ama fazer, então seja o primeiro a trilhar esse caminho. Se não é possível fazer o que se ama, então aprenda a amar e fazer muito bem o que você faz. Tenho certeza, e lhe garanto, que a sua vida profissional vai melhorar; e muito. Essa lição eu aprendi com o meu pai. Ele disse que quando começou na atividade de construtor de casas não gostava da atividade e que ela era muito sofrida. Mas ele também disse que não tinha outra opção, que aquela era a melhor oportunidade de ganhar dinheiro para alguém sem estudos. O que ele fez foi abraçar aquela chance com todas as suas forças e tentar se tornar o melhor construtor de casas que pudesse ser. O resultado? Ele nunca ficou sem trabalho, mesmo durante crises muito difíceis; e depois de mais de quarenta anos de atividade, diz com peito estufado que aprendeu a amar o que faz.

O mais importante em tudo isso que estamos analisando, é pensar que a atividade que desenvolvemos também é uma contribuição social. Pense nisso. Toda e qualquer atividade que desenvolvemos é uma contribuição para a vida de outras pessoas também.

SIGA O LÍDER (COMO SER UM ÓTIMO FUNCIONÁRIO,
NUNCA SER DEMITIDO E CONQUISTAR TODAS AS PROMOÇÕES)

Desde a atividade aparentemente mais simples, até a mais complexa, terão sempre um impacto positivo sobre muitas outras pessoas. Então, trabalhar é uma forma de melhoria social. Tendo consciência disso, mesmo tendo que desenvolver uma atividade que não é a que gostaríamos, mas fazendo com amor e dedicação mesmo assim, então pense no impacto positivo que isso gera. E, absolutamente, toda e qualquer profissão gera um bem social. Uma vez me disseram que atletas esportivos não tinham importância social, e que ganhavam dinheiro demais com uma atividade desnecessária. No momento não tive muitos argumentos, mas depois pensei melhor a respeito do assunto, e tive que discordar. Primeiro, porque toda atividade profissional deve, obrigatoriamente, ser importante. Segundo, porque, na verdade, não são todos os atletas que ganham assim tão bem, há uma grande maioria que ganha uma renda apenas normal, como qualquer outro cidadão. Mas o que acontece nessa, assim como em qualquer outra profissão, é que aqueles que se destacam muito, passam a "ganhar" muito dinheiro, e isso é um mérito que não deve lhes ser negado, quer isso seja absurdo ou não. Terceiro, os esportes têm a força de servir de exemplo para as pessoas de que nada se consegue sem muito esforço. O atleta mais bem-sucedido e remunerado, por pior ser humano que seja, nunca chegará a esse patamar sem muito esforço, e mesmo que o seu esforço não seja explicitamente realçado pela mídia, o subconsciente de todos compreende que para chegar ao topo, é necessário muito esforço. Claro que eu preferiria que cientistas e professores tivessem a mesma glória que os desportistas, mas a questão não é eles, mas sim nós. Eles estão fazendo o que eles amam e dando o seu melhor, mas e nós, estamos fazendo o mesmo?

E lembre-se, tudo o que fazemos profissionalmente tem um grande impacto positivo sobre a vida de muitas outras pessoas. Consequentemente, toda a ausência de esforço e amor pelo que fazemos, terá um impacto menos positivo sobre a esfera social. Trabalhar com amor e dedicação não é apenas um bem que se faz a si mesmo, mas também aos outros. É preciso que eu deixe algo muito claro. Eu acredito que você deve sempre fazer o seu melhor, em qualquer atividade que realizar, pois isso garante sempre os melhores resultados. Entretanto, observe que eu disse fazer o seu melhor, e não dar o seu máximo. Há uma grande diferença aqui. Fazer o seu máximo é tentar a todo o custo alcançar algum resultado, nem que para isso você precise passar por cima de suas próprias possibilidades. Enquanto que, fazer o seu melhor é conhecer a si mesmo e suas limitações, para que você possa, em cada atividade, sempre entregar o que há de melhor em você. O que você quer é fazer o melhor, sem correr o risco de se quebrar no processo. Você não deve jamais fazer o possível e o impossível, pois com isso corre o risco de não entregar o melhor resultado. Quando nos conhecemos, e sabemos até onde podemos ir, para garantir que estamos fazendo com a melhor qualidade, aprendemos a respeitar nossas limitações, e sempre que necessário dizemos não, ou paramos para descansar no caminho, a fim de ganhar folego renovado, para seguir com o máximo de energia. Pessoas que não se conhecem, e forçam a máquina ao máximo, acabam dizendo sim para tudo, e nunca sabem o momento de parar, ou descansar, e com isso comprometem a qualidade do que fazem; prometem mais do que podem cumprir, e acabam se matando de tanto trabalhar. Buscar fazer as atividades com o seu melhor potencial, normalmente te faz forçar além do que muitas vezes acreditávamos possível, mas observe bem que mesmo atletas de elite, nunca forçam a capacidade da máquina ao ponto da destruição. Não haveria razão para cruzar a linha de chegada em primeiro lugar, e não ter condições de desfrutar da vitória. Saber o equilíbrio entre máximo esforço, e melhor resultado, é uma estratégia que garante uma conquista saudável.

O mundo contemporâneo tem cobrado o máximo das pessoas em suas atividades. É muito comum, aqui e ali, ouvirmos alguém prometer fazer o possível e o impossível. Muito cuidado com esse tipo de ideia pronta. Algumas pessoas levam ao pé da letra esse tipo de conceito. Em primeiro lugar, não há como fazer algo que seja impossível. Se você deixar, o mundo vai sugar todas as suas energias, e depois de consumir tudo o que você tinha de melhor, vai te jogar em um canto. O mundo sabe ser cruel. Se você não cuidar muito bem de você mesmo, ninguém mais vai. Tudo o que você faz, no fim das contas, precisa somar positivamente no seu saldo bancário para além dos números. Não adiantará você fazer de tudo pelos outros, e esquecer-se de ficar bem consigo próprio, em sua mente e em seu corpo. Cuidado para não jogar no lixo momentos importantes com a família, amigos, filhos, e projetos de vida, que significam realmente algo para você, só por causa das demandas insaciáveis do mundo contemporâneo. Se chegar ao topo, e conquistar uma medalha de ouro, é apenas uma busca por glórias e aplausos, cuidado, pois as pessoas esquecem as nossas conquistas, e assim que tropeçamos, pisam sem perdão sobre nossos pescoços. Você deve sempre buscar o seu melhor, independente do que os outros esperam de você. Não é porque a mídia diz que as conquistas dos grandes atletas são importantes, que isso de fato é verdade. Afinal de contas, de que vale alguém ser o melhor jogador de basquete do mundo, e ter a maior quantidade de títulos do que qualquer outra pessoa na história? No fim das contas, isso não vale nada, e na verdade ninguém se importa. A única coisa que de fato importa, é você descobrir algo pelo qual ama dedicar tempo, e sente prazer em entregar até a última gota de suor, independente de receber uma medalha por isso; ou sequer um aperto de mão. Se você precisa, irracionalmente, conquistar as glórias do mundo, e receber todas as medalhas, isso pode ser um grave indício de que, na verdade, você, inconscientemente, sabe que não é nada, e precisa da afirmação de pessoas que não se importam com quem você realmente é, para se sentir valorizado. Pessoas de real valor, já se sentem valiosas quando sabem que fizeram o seu melhor. Aliás, não há maior vitória, do que mesmo perdendo, e sendo humilhado, ter forças para se manter de pé, e seguir com a própria vida. Vencer e ser aplaudido é fácil. Perder e ser vaiado, mas mesmo assim manter a postura e o respeito, requer muita força emocional.

Não sei o quanto eu consegui te ajudar, mas eu mesmo me sinto agora muito motivado para fazer minhas atividades, mesmo aquelas que eu nem gostava tanto assim de fazer. Vou dar o meu melhor, apesar de qualquer coisa.

Não há riqueza maior do que fazer o que se ama!

SER FUNCIONÁRIO É MUITO MAIS FÁCIL DO QUE SER CHEFE

Funcionários do mundo inteiro têm pouca noção do quão confortável é ser empregado. Não fazem ideia do quão pequenos todos os problemas e estresses que enfrentam são, se comparados com tudo o que seus chefes têm de suportar. Muitos só se darão conta disso no dia em que se tornarem eles mesmos chefes. Outros tantos nunca conquistarão essa oportunidade e viverão no conforto constante de suas reclamações e exigências.

Há duas classes de ativistas sociais que têm feito pouco pelo desenvolvimento social e que podem, além de tudo, ainda dificultar muito as coisas para aqueles que estão dispostos a fazer algo: são esses os sindicalistas e os políticos, que nunca foram donos de empresa. Essas duas entidades sociais não têm noção de como gerar valor social e, portanto, apenas sabem sugar e dificultar as atividades das empresas.

E há, por outro lado, uma força motriz que gera valor social, e que tem o poder de soerguer qualquer sociedade: que são as empresas, representadas por seus chefes e funcionários. Haveria três formas de atuar e melhorar a sociedade: por meio da educação, política, ou iniciativa privada. A educação, cada vez mais cai no domínio popular, e cada vez menos está nas mãos de entidades, então vem perdendo força (a não ser quando está nas mãos da iniciativa privada). A política, ao longo da história, tem se mostrado ineficiente, e fonte de todos os abusos e corrupção, portanto, apesar de ter uma função importante, quanto menor for a sua atuação, melhor, e quanto menor o número de pessoas envolvidas, ainda melhor, pois a política não é uma fonte de criação, mas apenas de arrecadação e administração. Agora, se alguém tem a intenção de, definitivamente, melhorar a sociedade, não há forma melhor e mais desafiadora do que a iniciativa privada;

pois é aqui que toda a ação acontece, e consequentemente, erros e acertos. E é nesse ambiente que residem os maiores e mais eficientes atores sociais: chefes e funcionários.

E a função deste livro é, exclusivamente, a de jogar todos os holofotes e glórias sobre a pessoa do funcionário. Pois nessa equação, ele sempre representará a maioria e é de importância vital para as empresas. Eu mesmo sempre estive desse lado das atividades; nunca fui chefe de nada. E um dos motivos para tal foi o medo. Sim, o medo. Pois eu sei muito bem o que acontece daquele lado; o lado do chefe e do dono de empresa. É difícil. Enquanto eu sempre trabalhei com horário estabelecido e horas extras esporádicas sempre com a certeza do meu pagamento no começo de cada mês, eu sempre soube que com o líder as coisas são diferentes. Lá o trabalho é 24 horas por dia; sete dias por semana. O pagamento dele só é garantido se ele fizer um bom trabalho. E, além disso, ele precisa conviver com o peso de saber que é responsável por muitos funcionários e também suas famílias. Infelizmente nossos líderes e chefes são tratados com desrespeito pela classe política, que faz de tudo para sugar o que pode das empresas e também pela classe sindical, que sempre retratou os empresários como monstros que só queriam o mal de seus funcionários. Que crueldade isso. A única classe com quem os chefes podem contar são seus funcionários. Não existe ninguém mais sagrado para o chefe e para o líder, que o seu funcionário; o seu fiel seguidor.

Então, tenhamos consciência do trabalho hercúleo, e da responsabilidade gigantesca, que nossos líderes têm nas empresas onde trabalhamos, e busquemos ser os melhores seguidores que pudermos. Deixemos um pouco de lado a mania fácil de sempre reclamar de nossos líderes. Lembremos que enquanto nós vamos para casa ao final do dia, ou no final da semana, nossos chefes continuam com o peso das responsabilidades pelas quais precisam arcar, para que quando voltarmos no dia seguinte, ou na semana seguinte, tenhamos trabalho e salário garantidos. O líder, sem nós funcionários, não é nada. Ele precisa muito de nós. Políticos e sindicalistas não estão do nosso lado, eles querem apenas sugar e colher os frutos de nosso trabalho. A única pessoa que está do nosso lado é o nosso chefe, e o nosso próprio colega de trabalho. Ajudemos uns aos outros com dedicação.

Sim. Quando algo vai mal, e estamos infelizes, nossos chefes precisam ouvir nossas queixas. Essa é a nossa função também. Afinal de contas, se algo vai mal à empresa, é claro que nós, os funcionários, seremos os primeiros a perceber isso, e temos a obrigação de tomar uma atitude, pois uma falha na empresa, e na motivação das pessoas, representa menos produtividade e resultados para todos nós. Nossos chefes contam com o nosso *feedback*. Não há mal nenhum em levar uma reclamação e crítica construtiva até nossa chefia. O que não pode acontecer é mantermos uma postura leviana, desinteressada e intrigueira dentro de uma empresa. Todo funcionário que você vê deteriorando a imagem de um chefe pelas costas, ou fazendo corpo mole para ser demitido, é uma pessoa que está trabalhando contra, não o trabalho dele, nem do chefe; mas o seu. Sim, o seu. Pense bem. Você dá o seu máximo pela empresa e por você mesmo, e então vem um colega insatisfeito, que ao invés de procurar a solução, ou pedir as contas, começa a causar problemas para a empresa; ele está também causando problemas para você, que trabalha corretamente.

Quando trabalhamos em uma empresa, fazemos parte de um organismo, no qual todos são importantes para o seu funcionamento saudável. Temos que reconhecer que nesse organismo, o papel do líder não é mais importante, mas é sim mais difícil. Nossa função é de extrema importância para a empresa e para a liderança, mas acarreta menos responsabilidades, menos estresse, e menos necessidade de tomada de decisões. Quanto mais se sobe na carreira profissional, mais se conquista em termos de salário, sim, mas também mais se conquista em termos de trabalho, responsabilidade, menos horas de sono tranquilo, maior risco de demissão, maior necessidade de tomada de decisões, e por aí vai.

Saibamos, portanto, valorizar o trabalho de nossos líderes, com o melhor que tivermos a oferecer de nosso trabalho, para o bem da liderança, da empresa, e principalmente, o nosso próprio. Afinal de contas, nós, os funcionários, somos a força que move não apenas a empresa, mas todo o país, e o mundo.

Seja o funcionário que você gostaria de contratar para a sua empresa.

NÃO DESTRUA PONTES

Controlar nossas próprias emoções pode ser um grande desafio. Compreender que ações presentes, podem ter um impacto negativo apenas para nós mesmos no futuro, no caso de perdermos controle sobre nossas emoções, em virtude de um acesso de raiva, pode nos ajudar a ganhar mais força para controlar certas emoções e reações. Se existe uma certeza nessa vida, é a de que o mundo dá voltas, e que uma ação errada no presente pode trazer impactos negativos no futuro. Pode acontecer que a pessoa com quem brigamos hoje, seja a pessoa com a chave de uma grande oportunidade para nós no futuro. Portanto, é importante saber controlar nossas emoções negativas, e os impactos delas sobre nossas ações, a fim de não prejudicar nossa própria vida, e novas possíveis possibilidades futuras. A vida é um jogo, onde se você não gosta das pessoas de fato, pelo menos finja muito bem gostar, por saber que a única pessoa beneficiada, ou prejudicada, nas relações pessoais e profissionais, é apenas você mesmo.

É natural que em um relacionamento profissional, muitas vezes entremos em conflitos, com colegas de trabalho e chefes. É muito comum nos sentirmos irritados no local de trabalho. Não é nem um pouco improvável que um dia, percamos a cabeça em uma reunião. Estaria mentindo quem dissesse que nunca sentiu vontade de pegar algum colega de trabalho, ou chefe, pelo pescoço, e dar pelo menos três tapas bem firmes na cara deles. Se você já passou por isso, você é uma pessoa normal. Acontece que todas as pessoas são normais, e por isso mesmo, sujeitas a falhas e erros. Assim como alguém pode nos estressar além da conta, podemos nós da mesma forma ser a pessoa que estressa outra, por algum motivo. E às vezes, até mesmo a melhor empresa do mundo, pode ser para nós apenas um ambiente de constante infelicidade. Mas a verdade é que tudo isso pode ser apenas uma fase de nossa vida.

Talvez você já tenha compreendido onde quero chegar e quem sabe você já esteja suando frio só de pensar em algumas besteiras que já fez na vida profissional, por ter perdido o controle das suas ações em algumas situações. Eu mesmo, enquanto escrevo, chego a sentir um frio na barriga de arrependimento ao pensar em algumas de minhas ações passadas. Entretanto não posso deixar de pensar e dizer que tudo isso não passa de um processo de aprendizado. E para grande sorte nossa, geralmente, a única pessoa que lembra das burradas que fizemos, somos nós mesmos. As outras pessoas acabam esquecendo as nossas gafes, pois elas mesmas também têm as próprias falhas para lembrar. De qualquer forma, é importante saber evitar constrangimentos e conflitos no local de trabalho. A fim de ilustrar melhor o que eu quero dizer, acho melhor partir para alguns exemplos.

Recentemente presenciei dois colegas serem atrapalhadamente demitidos. A empresa agiu muito mal da condução da demissão deles, e eles teriam todo o direito de se sentirem ofendidos, e até mesmo de procurar a justiça. Entretanto, eu acredito que mesmo estando com todo o direito do mundo, eles não deveriam ter fechado as portas atrás de si com aquela empresa e nem com aquela liderança. Vou explicar o que aconteceu, para que você compreenda melhor.

A empresa passava por uma situação financeira difícil e, portanto, teria que demitir funcionários. Sabendo que muitas pessoas gostariam de ser demitidas, ela achou melhor informar a situação aos seus funcionários, para que eles então se identificassem, e fossem demitidos, evitando assim que pessoas que queriam, e precisavam do emprego, fossem demitidas. Logo após a divulgação dessa informação, aconteceu que em um setor administrativo, muitas pessoas acabaram solicitando a demissão, colocando obviamente a empresa, e aquele setor especificamente, em uma situação muito delicada. A reação da empresa foi voltar atrás em sua posição, e informar àqueles funcionários que se eles quisessem parar, eles teriam que pedir demissão. Por mais absurdo que possa parecer, esses são os fatos, mas todos nós sabemos que esse tipo de coisa acontece o tempo inteiro, seja por falha na comunicação, ou qualquer outro problema. A meu ver, a empresa agiu muito mal. E não apenas isso, mas além do mais, em um momento de já difícil situação para todos, ainda foi irresponsável em colocar em cheque a motivação daquelas pessoas.

Muito bem, o que decorreu disso é que dois funcionários sinalizaram sua total insatisfação, e determinaram que estavam parando imediatamente, querendo sua demissão. A empresa não negava a sua falha, mas também não cedia quanto à questão de demitir os dois. Se eles quisessem parar, eles teriam que pedir as contas. Há ainda o fato que complementa a situação, de que ambos tinham propostas melhores de trabalho em outras empresas, e estavam, portanto, determinados a partir. A empresa atual solicitou deles que ainda ficassem pelo menos duas semanas, para ajudar a organizar o setor, até que novas pessoas então fossem contratas para substitui-los, pois apesar das dificuldades da empresa, aquele setor dependia daquela quantidade de pessoas. Entretanto, nenhum dos dois aceitou aquela proposta, deixando a empresa imediatamente, e causando alguns transtornos ao setor e aos ex-colegas em virtude disso. Se parece que a explicação está confusa, saiba que na verdade a situação em si, foi muito mais confusa, e também desgastante para os dois lados da história, mas principalmente para os dois funcionários.

De minha parte, eu tenho certeza de que a empresa agiu errado nessa situação e de que os dois funcionários estavam cobertos de razão. Entretanto, penso que os dois funcionários poderiam ter saído daquela situação sem ter fechado as portas atrás de si com aquela empresa; sem ter destruído aquela ponte de relacionamento completamente. A empresa agiu mal, principalmente por estar vivendo um momento difícil. Os gerentes estavam perdidos e confusos. Eles não queriam o mal de ninguém, principalmente daqueles dois funcionários, mas eles meteram os pés pelas mãos. Em contrapartida, os dois funcionários também chutaram o balde. Revidaram o desaforo na mesma moeda. Contudo, o fato que daria a eles tranquilidade para agir com mais frieza nesse momento, era já ter a proposta de um novo trabalho melhor do que aquele com remuneração até mais atraente.

Faltou aos dois agir com mais maturidade e frieza, qualidades emocionais que naquele momento estava faltando à empresa para a qual ainda trabalhavam. Há que se lembrar que, assim como acontece em tantos outros casos, tal empresa havia sido uma boa empresa por muito tempo, até aquele fatídico momento. Nesse caso, para um a empresa foi boa por três anos, e para o outro por mais de 10. Há ainda o fato a se levar em conta de que estamos falando de uma grande e importante empresa, no setor em que atua.

Ou seja, por uma circunstância muito infeliz, ambos colocaram de lado qualquer reconciliação com a empresa no futuro, e cortaram relações com aquelas pessoas envolvidas no conflito. A mensagem que ficou é a de que em uma situação difícil, aqueles dois funcionários abandonam o barco, e não estendem sequer a mão para ajudar outros que precisem. Lembre-se que deixaram na mão não apenas a empresa, mas colegas de trabalho que não tinham nada a ver com a situação.

Claro que você pode, justificadamente, questionar e argumentar que foi a empresa e as pessoas responsáveis pela administração daquela situação que erraram. Terei apenas que concordar com você. Mas você irá concordar comigo que o futuro às vezes guarda surpresas. E que há sempre uma forma mais evoluída de se agir nas situações mais complexas. Todas as situações sempre têm dois lados de interpretação. Sempre alguém sai perdendo; ou um lado sai mais ofendido do que o outro. As relações sociais são assim. Especialmente quando os ânimos esquentam. Por exemplo, quando o seu chefe grita com você, e você não revida, sempre há a chance de reconciliação no futuro, e a certeza de que o chefe pode contar com a sua compreensão quando ele comete algum deslize, especialmente em virtude da pressão das circunstâncias. Agora, se você revida imediatamente, fica a certeza de que os laços estão rompidos, e que se antes uma pessoa não era capaz de demonstrar maturidade diante de uma situação difícil, agora, entretanto, são duas.

SIGA O LÍDER (COMO SER UM ÓTIMO FUNCIONÁRIO, NUNCA SER DEMITIDO E CONQUISTAR TODAS AS PROMOÇÕES)

O que eu quero chamar a atenção aqui é que, em uma situação difícil, é complicado manter a elegância, ou uma postura que muitas vezes se espera de uma pessoa adulta; mas que é aquele que assim consegue agir, quem tem mais a ganhar.

Digamos que meus dois ex-colegas, tivessem tido a capacidade de serem calculistas naquela situação conflitante. Anos depois de passado o ocorrido, suponhamos que a empresa abrisse novamente a oportunidade para uma vaga para a qual eles se qualificassem, não restaria dúvidas de que eles seriam prontamente recontratados. Ou digamos que os chefes envolvidos naquela situação agora estejam em outra empresa, e que uma vaga para a qual os dois se candidatassem esteja disponível. É claro que nada impediria que eles fossem contratados, e tenho certeza que nem a empresa, nem aqueles chefes, têm qualquer política de retaliação, mas a verdade é que o bom relacionamento entre eles foi prejudicado.

O que eu quero dizer é que mesmo que tenhamos a razão em alguma situação, mesmo assim, é recomendável ser a pessoa que consegue manter a compostura. Não porque a pessoa é uma santa, que leva desaforo para casa. Não é nesse sentido que eu me refiro, mas sim em uma postura de racionalidade, muito mais calculista, de alguém que pensa em tirar alguma vantagem daquela situação no futuro. Há que se lembrar que o mundo dá voltas, e que não sabemos que oportunidades a vida nos trará no futuro. Se fecharmos as portas agora, mesmo que tendo razão para tal, será difícil reabri-las depois. Mas se as mantemos abertas, mesmo que tivéssemos toda a razão do mundo para fechá-las, com certeza no futuro não apenas essa, mas muitas outras portas estarão abertas para nós.

Mesmo que você odeie alguém no seu local de trabalho, procure usar de toda a sua frieza e capacidade de dissimulação para tratar bem essa pessoa; porque, quem sabe, no futuro possa ser essa a pessoa responsável apenas por falar bem de você a alguém que poderia lhe proporcionar uma grande oportunidade na vida. Aja sempre como alguém que pensa no melhor para si mesmo, em circunstancias como essa. O mundo dos negócios é, muitas vezes, um mundo de raciocínios muito frios, e calculados. Ou melhor, a própria vida é assim. Com o tempo, aprendemos que é melhor engolir um sapo hoje, para que no futuro possamos colher tranquilidade e paz. Eu digo isso por experiência própria. Posso inclusive dizer que conquistei verdadeiras e grandes amizades, porque no passado soube relevar situação e ações, até mesmo erradas contra mim. O que acontece é que as pessoas, inclusive nós, estão sujeitas a falhas; então o tempo ajuda a curar muitas mágoas, e a proporcionar boas oportunidades.

Da mesma forma, como ser humano, em muitas ocasiões, agi por impulso, e coloquei abaixo muitas pontes que hoje em dia seriam muito importantes para mim. Não vou dizer que me arrependo, mas sim que aprendi com as situações, até porque, na época, eu não sabia o que hoje sei, e se hoje sei, foi porque aprendi com a experiência. E se hoje escrevo sobre isso, é para ajudá-lo a não passar pelos mesmos erros. Se a ponte por onde você hoje passa lhe traz maus sentimentos, apenas passe por ela, e deixe-a onde ela está. Quem sabe no futuro, essa será a única ponte disponível para voltar a um lugar muito bom para você mesmo?

De tudo o que tentei dizer aqui, e que considero de extrema importância para o seu sucesso profissional, e até mesmo pessoal, é de que nunca tome uma decisão, ou faça qualquer coisa, em um momento de estresse. Dê um tempo a si mesmo para respirar e pense no que fazer apenas depois que o sentimento de raiva já tiver passado. Preste muita atenção nessas palavras. Faça esse favor a si mesmo. Não tome nunca uma decisão de cabeça quente, e se possível, nunca revide uma agressão em um momento de estresse. Controle suas emoções, sua boca, e todo o seu corpo, quando estiver no meio de uma situação conflitante. E, se por acaso, alguém lhe ofendeu, não se sinta na obrigação de responder imediatamente. Permita-se um dia, ou uma semana, para pensar na melhor forma de resolver qualquer conflito. Acredite em mim, a melhor resposta vem com o tempo. Além disso, procure sempre pensar em uma solução que lhe garanta as melhores possibilidades no futuro. Procure sempre manter portas abertas, para um possível momento mais à frente. Nem que para isso você tenha que engolir alguns sapos. Não veja essa atitude como fraqueza ou covardia, mas sim como inteligência, e até mesmo certa malícia, pois você estará sempre pensando na melhor vantagem que pode tirar, mesmo das situações mais delicadas. Seja frio e calculista, e procure pensar sempre de cabeça fria nas suas melhores opões, presentes e futuras. Não de forma vingativa, pois essa opção sempre atrai os piores resultados, mas de forma a obter os melhores frutos. Não encare essa dica como um incentivo a alimentar sentimento de vingança e rancor, eu posso lhe assegurar que essas emoções só trarão prejuízos. Eu lhe garanto que com a postura certa todos sempre sairão ganhando, especialmente você!

Não destrua as pontes que sustentam seus próprios pés.

E O ESTRESSE?

Certa vez ouvi de uma amiga que o momento estressante pelo qual ela atravessava na empresa estava lhe encurtando anos de vida. Aquelas palavras soaram muito profundas, e com certeza vieram de alguém com muita consciência do que estava dizendo, e fazendo com sua própria vida. Ela estava abdicando de alguns anos em prol da empresa e do trabalho. Apesar da intensidade dessa ideia, é, na verdade, muito recente a condição de trabalho na qual podemos optar por uma qualidade de vida melhor, ou pior. Há bem pouco tempo, as condições de trabalho eram muito precárias e a estimativa de vida no mundo era muito menor. Infelizmente, as coisas não melhoraram para todos. Muitos no mundo, ainda vivem em condições, até mesmo, desumanas de emprego. No entanto, se você está lendo este livro, isso quer dizer que você tem uma condição de vida melhor que a maioria da população mundial e, além disso, dispõe de opções que lhe permitem escolher diferentes caminhos. E por isso mesmo, vale muito a pena refletir sobre a observação de minha amiga. Eu já vi pessoas que fumam muito passarem dos 100 anos com muita alegria e saúde; entretanto, eu não me lembro de ter visto qualquer pessoa estressada, vivendo por um tempo além da média. E se a nós não é imposta uma condição de vida inevitavelmente estressante, então porque optar por uma vida assim, sendo que podemos fazer diferente?

Eu não sou ingênuo de acreditar que a realidade é um mar de rosas. O que eu acredito é que, se por um lado, uma existência, ou uma postura comportamental, de constante estresse, tem a capacidade de reduzir nosso tempo e qualidade de vida; por outro lado, alguns momentos de estresse, têm o poder de nos fortalecer, e até mesmo fazer compreender o valor dos outros tantos momentos bons de nossa existência. E que se não fossem os momentos ruins, os bons não seriam assim tão bons. Ou como é falado no filme *Vanilla Sky*:

"o mel nunca é tão doce sem o fel". Ninguém deveria ser exposto a uma vida constante de dificuldades, pois a vida pode perder o brilho; entretanto, alguns momentos tortuosos podem nos fazer adquirir grandes aprendizados. É importante desenvolver musculatura emocional para conseguir enfrentar aqueles momentos que parecem mais pesados do que nossa força para os suportar. E, inevitavelmente, a melhor forma de desenvolver essa força é atravessando momentos difíceis. Na escola a criança que sofre *bullying* tem sempre a opção de recorrer aos professores, pais, ou amigos, por socorro. No entanto, na vida adulta, nós não teremos outra opção a não ser recorrer a nós mesmos quando as coisas estiverem muito complicadas. Pessoas de fora até podem tentar nos ajudar com palavras de conforto, mas se nossa mente não estiver preparada para lidar com as pedras no caminho, ninguém poderá tirá-las de lá por nós.

Isso me faz lembrar o que aconteceu comigo em 2015. O mundo inteiro parecia viver uma grande crise, e todo mundo falava de recessão e falta de emprego. Todavia em minha área de atuação, aulas de Inglês, eu não parava de receber propostas de trabalho. Eu calculei que seria imprudente não aproveitar o momento favorável para construir um pé de meia e me preparar para um possível imprevisto no futuro. Com isso eu passei a dizer sim para mais oportunidades de emprego, e precisei me preparar, portanto, para trabalhar mais horas. Eu decidi, aos poucos, ir aumentando minha jornada de trabalho. Foi então que, em 2015, eu iniciei meus preparativos para um intenso ano de trabalho em 2016. Eu passaria, com isso, de uma carga de trabalho, de segundas a sextas, de dois turnos (manhã e tarde), para uma carga de trabalho, de segundas a sextas, de três turnos (manhã, tarde e noite), bem como alguns trabalhos extras também nos finais de semana. Sabendo que 2016 seria um ano estressante, eu iniciei uma preparação lógica e simples, eu sabia que eu não conseguiria aumentar as minhas horas durante o dia, pois eu estava preso ao limite de 24 horas, mas eu sabia que poderia aumentar a minha energia, a fim de dormir menos e trabalhar mais, sem perder minha qualidade de vida e sem aumentar o meu

SIGA O LÍDER (COMO SER UM ÓTIMO FUNCIONÁRIO, NUNCA SER DEMITIDO E CONQUISTAR TODAS AS PROMOÇÕES)

estresse. Aliado a isso, eu segui o conselho de um colega de trabalho e li o livro de Nuno Cobra, que havia sido preparador físico do Ayrton Senna, no qual ele ensina diversas instruções de como tirar o máximo proveito de nossa capacidade física e mental. Concomitante a isso, eu também iniciei um trabalho físico intenso, pois eu sabia que não só a minha mente precisaria estar pronta para o desafio, mas também o meu corpo. Aliás, muitas pessoas não se dão conta de que, muitas vezes, um ponto que não observam em suas vidas, e que interfere em seus níveis de estresse, é a sua qualidade física; pois não praticam qualquer tipo de esporte. Enfim, para resumir a história, a minha preparação para o ano de trabalhos intensos consistia em boa alimentação, atividades físicas, zero ingestão de álcool e noites de sono com qualidade. O meu período de estresse tinha data para começar e para terminar, então não seria uma missão tão impossível de se realizar.

O ano de 2016 começou, e com ele as novas atividades profissionais, e também minha rotina de vida regrada, baseada nos conselhos de Nuno Cobra, que deveriam me ajudar a ter mais energia para enfrentar os grandes desafios. Tudo estava funcionando completamente como o planejado. Eu estava trabalhando muito, inclusive além das minhas possibilidades físicas e emocionais, mas que com a minha estratégia, estava funcionando bem. Acontece que na vida, nem sempre o que planejamos, acontece exatamente como calculado, e justamente quando eu achava que não poderia dar um pouco mais de mim, foi quando eu descobri que os meus limites estavam muito além do que eu poderia imaginar. Se eu pudesse falar de quantos melhores amigos eu tenho poderia colocá-los todos em apenas uma mão, contando todos eles com meus cinco dedos. Qual não foi a minha surpresa, e total infelicidade, ao descobrir que justamente nesse ano, a vida iria me levar dois deles. Se a gota d'água que transborda um copo pode nem ser tão trágico assim, duas gotas de lágrimas com certeza são. De uma hora para outra, uma vida que estava sob total controle ficou completamente sem chão. Se antes acordar e ir dormir eram desafios gostosos de encarar, agora passavam a ser torturas quase impossíveis de aguentar. Na época, como professor de Inglês, eu lembro de momentos antes de entrar em sala de aula, em que eu me sentia completamente arrasado e sem condições de ensinar. Eu simplesmente não tinha forças. Era simplesmente horrível aquela situação. Eu estava sentindo na pele os efeitos devastadores do estresse extremo. A vida simplesmente perdeu o brilho. Apesar de ter conseguido cumprir com as minhas obrigações profissionais, eu sei que eu não consegui ser o meu melhor. O estresse estava sugando não só a minha força vital, mas a minha compreensão do que era viver. Eu tenho certeza que a minha situação, apesar de ruim, não se compara com exemplos de vida muito mais difíceis de pessoas que eu conheço. Mas a verdade é que eu não posso fazer de conta que eu não sofri. Entretanto, como foi que eu consegui passar por aquilo, e como é que tantas outras pessoas fazem para passar por todo o estresse em suas vidas? Apesar dos níveis diferentes de estresse e dificuldade, eu tenho certeza que eles responderiam a mesma coisa que eu: a gente simplesmente não sabe como consegue. Existe uma força interna que diz que, mesmo que o copo transborde, se a gente não largar o copo no chão, ele não vai quebrar; basta ter convicção para não deixar o copo cair.

Eu só decidi dividir com vocês essa história, para que vocês não pensassem que eu falo da boca para fora. Além de minha própria vivência, eu também baseio minha teoria na experiência de vida de outras pessoas que eu já vi passarem por situações trágicas e que conseguiram superar, e ainda encontrar muita alegria de viver. O que eu ouvi naquele momento, e que me ajudou muito, foi que não importava o quanto eu estava sofrendo, aquilo iria passar. Poderia demorar um ano ou mais, mas iria passar. E qual não foi a minha surpresa ao perceber que, sempre que eu entrava em sala de aula, para cumprir minimamente com as minhas responsabilidades profissionais, eu esquecia completamente de meus problemas. Eu me sentia completamente esgotado naquele ano, mas eu percebi que eu só me sentia assim quando eu não estava trabalhando. Sempre que eu fazia o que eu tinha que fazer, era como se eu tomasse uma dose

SIGA O LÍDER (COMO SER UM ÓTIMO FUNCIONÁRIO,
NUNCA SER DEMITIDO E CONQUISTAR TODAS AS PROMOÇÕES)

cavalar de anestésico emocional. Claro, a dor estava ali, em algum cantinho, mas ela respeitava a minha necessidade de me manter vivo e ativo, cumprindo com minhas obrigações. Mas sempre que ela percebia que estávamos sozinhos, ela voltava, e sempre pronta para recuperar o tempo perdido. Se isso não tivesse acontecido, eu talvez nunca tivesse descoberto o quanto todos nós, apesar de tudo, somos capazes de aguentar. No entanto, o fato mais importante, foi descobrir a quantidade de amigos que eu tinha, na imagem de meus colegas de trabalho. Foi indizivelmente surpreendente, poder descobrir em meus colegas de trabalho, e chefes, muito mais do que meros colegas que estavam ali por obrigação, mas na verdade, grandes amigos, que estavam dispostos a me ajudar a vencer qualquer dificuldade. Durante o ano de 2016, eu dizia que aquele foi o pior ano de minha vida, mas hoje eu olho para trás, e compreendo que aquele foi o meu ano de maior aprendizado, e por isso eu sou muito agradecido, por ter conseguido atravessar todos aqueles desafios estressantes.

O que eu gostaria de deixar registrado aqui é que, se por um lado, nós nem sempre escolhemos ter que enfrentar situações estressantes em nossa vida, por outro lado, elas precisam ter uma data para acabar. Tudo bem aguentarmos por um tempo uma situação que parece insuportável, pois com certeza estaremos aprendendo algo de muito importante; entretanto, submeter-se a uma situação estressante, por um tempo que só irá reduzir anos e qualidade de vida, precisará de uma decisão muito forte de sua parte para ser mudada. Muitas pessoas reclamam demais do trabalho, e eu sempre penso que o trabalho não foi feito para ser um parque de diversões, então é inevitável ter momentos de desagrado. Mas não para sempre, nem por muito tempo. É por isso que eu acredito que devemos ter uma postura de enfrentamento contra as adversidades. Eu lembro que quando criança, na escola, eu sofri *bullying* por algum tempo. Naquela época, ninguém sabia o que era essa expressão. Eu comentei a situação com meu pai, e disse que uma criança maior e mais velha estava me ameaçando. Meu pai não titubeou em dizer que da próxima vez que eu fosse ameaçado deveria revidar e partir para a briga. Não existe nada mais libertador do que descobrir que a força e a capacidade para enfrentar um problema se encontram dentro de nós. Seria muito bom que meu pai tivesse ido até a escola e reclamado com a direção e os professores; quem sabe até mais prudente. Mas e como eu me defenderia das adversidades da vida, quando eu fosse mais velho? A quem iria chamar, sempre que eu tivesse algum problema? E honestamente falando, você e eu sabemos que a vida não nos poupa. Ela sabe ser cruel, e muitas vezes, justamente, quando nós não teríamos mais condições de suportar tanta dificuldade. Sempre é bom contar com a ajuda das pessoas que nos amam, mas a realidade é que a verdadeira força se encontra dentro de nós, porque não importa quanta água seja derramada em um copo já cheio, ele nunca irá quebrar se nós não deixarmos o copo cair.

A escola e nossos pais, talvez, não tenham nos preparado muito bem para um fato real, mas não muito agradável. Aprendemos desde sempre que devemos buscar o que nos dá prazer, e fugir daquilo que nos traz tristeza e desconforto. Acontece que a vida é um cenário completo de possibilidades aleatórias. Não está escrito em lugar nenhum que a existência deveria ser sempre agradável. Até mesmo conceitos que temos, do que é bom ou ruim, nem sempre são de fato como acreditamos. Existem muitas situações que definimos como ruins, mas que servem para nos fortalecer, e ensinar a apreciar a vida. Da mesma forma que muitas situações que nos trazem uma aparente alegria, são, às vezes, apenas experiências que enfraquecem nossas habilidades emocionais, e a forma como encaramos a realidade. Deveríamos ter sido educados para encarar os fatos por sua completude, a fim de tirar proveito de tudo, quer definamos isso como bom ou ruim. Isso tiraria de nós o peso de achar que tudo sempre deve estar bem. Não. A vida de verdade não é assim. Ela é feita de altos e baixos. Entretanto, é apenas a nossa educação errada, que convencionou encarar os baixos, como momentos ruins a serem rejeitados. Na verdade, o próprio sentimento de sofrimento é um elemento natural da natureza, e deveria de servir para nos ensinar a sermos seres humanos mais completos, e preparados a existir em plenitude. Assim como os momentos aparentemente bons vêm, eles também passam; e assim como os ruins vêm, eles são apenas passageiros, e esse parece apenas ser o ciclo inevitável de nossa passagem aqui pela terra.

A mensagem que eu gostaria de deixar é que, sempre que precisar passar por uma dificuldade, ou período de estresse, estabeleça um tempo de luta (de pelo menos um ano ou dois), e nesse período, faça o possível para vencer o desafio, não importando o tamanho dele. Muitos problemas na vida, infelizmente, não se resolvem em poucos dias, e talvez nem em poucos meses. Eu gostaria de ter uma verdade mais amena para lhe contar, mas a vida não tardaria em lhe provar o contrário. Portanto, nunca fuja de nenhum desafio. Por algum motivo, eles parecem sempre nos encontrar de novo em alguma curva da vida. Enquanto nós não enfrentamos o que precisamos enfrentar esse desafio sempre retorna. Para ser sincero, até mesmo cinco anos pode ser um tempo curto, dependendo da dificuldade que precisa ser vencida. Mas sabendo que tudo na vida passa, ganhamos mais força para continuar caminhando. Mas é importante compreender este ponto: é necessário brigar! É necessário querer vencer. Nem que para isso você tenha que sair com um olho roxo, mas você precisa estar disposto a brigar. Use também de estratégias para sair da situação ruim em que se encontra. De nada adiantará querer mudar de vida, se você não mudar as suas próprias ações. Eu tenho certeza que um elemento que muito me ajudou a vencer o meu ano de 2016 foi ter mantido as técnicas aprendidas com o livro do Nuno Cobra e minhas rotinas de esporte. Porque, por pior que uma situação seja, ajuda muito a sensação de que, pelo menos de alguma forma, estamos indo para frente ao invés de estarmos estagnados; ou pior ainda, indo cada vez mais para trás. E lembre-se de que é justamente no seu local de trabalho que você encontrará amigos dispostos a lhe ajudar, mesmo que o foco do estresse possa estar vindo justamente dali. Portanto encare os fatos inevitáveis da vida. Calcule o que você precisa fazer para sair dessa situação e quanto tempo você sabe que aguenta. E depois vá com tudo. O que não pode, de forma alguma acontecer, é você se tornar uma pessoa estressada e conformada com qualquer situação. Uma coisa é você enfrentar situações estressantes, elas lhe trarão aprendizado e resiliência, outra coisa muito diferente é você se tornar uma pessoa estressada, e uma fonte de estresse constante. Isso com certeza lhe subtrairá muitos anos de vida.

Eu desejo que todo o seu estresse se transforme em força, aprendizado e felicidade.

NOSSAS FALHAS

Antes de continuarmos, é preciso fazer uma parada para refletir sobre algo muito importante. Até aqui, tenho sido muito rígido e categórico em minhas opiniões. Talvez esteja se construindo aquela impressão de que, se não formos perfeitos, e se não mostrarmos o nosso melhor sempre, então não teremos chance alguma. Deixe-me registrar claramente o fato de que todos nós somos, acima de tudo, seres humanos maravilhosos e cheios de beleza e potencial, e este livro é um tratado a respeito de toda essa potencialidade. Em contrapartida, também somos pessoas capazes das maiores burradas e falhas, e isso é muito natural. Não apenas isso, mas dentro de nós existe uma coisa chamada personalidade, e ela traz consigo muitos defeitos. De todas as pessoas mais incríveis que eu conheço, não há uma que se salva de carregar em sua personalidade algumas características desagradáveis. E se eu olhar e falar de mim mesmo, então a lista de defeitos seria com certeza extensa. O que eu quero deixar claro neste capítulo é que temos que conquistar e fazer tudo de bom a que temos condições, apesar de tudo de ruim que carregamos dentro de nós, e que a nossa jornada profissional pode ser, acima de tudo, uma caminhada de muitos aprendizados.

Eu conquistei muitas coisas, e o amor e o carinho de muitas pessoas, ao longo de minha vida profissional, apesar de todas as minhas falhas. Houve momentos em minha vida em que as minhas mazelas ficaram muito aparentes à vista dos meus colegas de trabalho. Tenho certeza de que muitas vezes eu pisei na bola, e agi mal com pessoas que não mereciam, no ambiente de atividade profissional. De algumas coisas que lembro de ter feito, eu chego a ter arrepios de arrependimento. Entretanto, apesar de tudo o que eu tinha de errado, os meus sucessos profissionais nunca deixaram de acontecer. E você sabe por quê? Simplesmente porque as minhas qualidades sempre falaram mais alto do que as minhas falhas. A minha imensa vontade de fazer a coisa certa, muitas vezes, falou mais alto do que os erros que por ventura eu havia cometido. Confesso que, em muitas ocasiões, não tive coragem de pedir desculpas por alguns deslizes. O melhor que eu consegui fazer naqueles momentos foi deixar de lado o erro, e aparecer novamente para trabalhar com a cabeça erguida, humildade, e vontade de passar a fazer a coisa certa.

E você sabe com quem eu aprendi essa bela lição? Com os meus próprios colegas. E não foram as suas palavras. Foi o exemplo deles que me convenceu de que isso é um fato verdadeiro. Um dos exemplos partiu de um colega de trabalho, e o outro de algumas chefias. No caso de meu colega, ele era uma pessoa bipolar, e cheia de problemas em sua relação familiar. Ele era o tipo de pessoa que sempre trazia os problemas para o trabalho. E tenho certeza de que também levava os problemas do trabalho para casa. Resumidamente, eu posso dizer que ele era alguém insuportável. Se a minha teoria de que as pessoas podem ter falhas é verdadeira, então digamos que esse colega extrapolava exageradamente essa possibilidade. Para você ter uma imagem bem real de quem estou falando, tente pensar naquele tipo de ser que não dá bom dia quando chega para trabalhar de manhã, e que ainda te olha atravessado se você o faz. Além do mais, sempre inspirava medo nas pessoas que precisavam relacionar-se com ele. E pelo fato de ser bipolar, em um momento ele era o seu melhor amigo, e no outro ele simplesmente te odiava, e não queria saber de ver a sua cara.

E foi justamente essa pessoa que me ensinou o valor de trabalharmos duro para vencer na empresa, apesar de sermos quem somos, quando isso pode não ser lá algo assim tão bom. Pois foi quando esse colega mais pisou na bola, que eu vi o quanto pessoas ao nosso redor, na verdade, têm um grande coração para perdoar. Todos os colegas comentavam e falam mal do comportamento desse colega bipolar, até que um dia ele foi demitido. O que eu imaginava que iria desencadear na alegria geral dos outros colegas, traduziu-se na verdade em crises de choro e tristeza naqueles que iriam perder a companhia desagradável do colega. E ele mesmo, que sempre

SIGA O LÍDER (COMO SER UM ÓTIMO FUNCIONÁRIO,
NUNCA SER DEMITIDO E CONQUISTAR TODAS AS PROMOÇÕES)

reclamava muito da empresa e do seu trabalho, caiu em uma crise de pranto, que confesso, conseguiu desestabilizar até mesmo o meu coração de gelo.

No entanto a capacidade dele para ser uma pessoa ruim não tinha limites. Quando ele finalmente deixou a empresa, enviou mensagens de ódio a muitos colegas. Chamou a eles de traidores e disse que a amizade entre eles estava encerrada. Despejou sobre muitos um rancor que pegou a todos de surpresa. Para mim aquilo foi a última gota d'água. Eu, de minha parte, não queria ver a cara dele tão cedo, pois tomei as dores de meus colegas por eles. Qual não foi a minha surpresa ao saber que, alguns dias depois, meus colegas e aquele agora demitido, foram a um posto de gasolina tomar cerveja e conversar como bons amigos depois de um dia de trabalho. Fiquei confuso com aquela situação e com a falta de firmeza de meus colegas em manter seu ódio contra aquele que havia sido tão ingrato com eles.

Contudo essa era uma lição que eu precisava aprender. Eu não sabia, mas descobri que as pessoas esquecem as nossas falhas. Ou se não esquecem, pelo menos fazem de conta e estão sempre abertas a nos dar uma segunda chance. Na verdade, a única pessoa errada nessa história toda tinha sido eu o tempo todo. Não importa o tamanho dos nossos erros, o único problema é achar que temos o direito de tratar as outras pessoas como se fossemos juízes imaculados da verdade. Como que eu poderia ter a petulância de querer condenar alguém por seus erros, sendo que eu mesmo sempre fui, e para sempre continuarei sendo, alguém transbordando de defeitos? Aliás, observando bem essa situação, percebi que não basta apenas não julgarmos e condenarmos os outros, mas também temos que ser pacientes e compreensivos conosco mesmos.

Veja que meu colega, por maiores falhas que tenha cometido contra os outros colegas de trabalho, que não tinham nada a ver com os seus problemas, e mesmo que tenha falado os piores desaforos para eles, não titubeou em tentar reatar os laços, se não de amizade,

93

pelo menos de coleguismo, com aqueles que ele ofendeu. Esse meu colega demitido, cheio de defeitos, tinha algo que eu não tinha naquele momento: humildade. Em algumas situações, não importa tanto o tamanho das nossas falhas, mas o tamanho de nossa humildade, que nos faz sermos capazes de voltarmos à vida daqueles que ofendemos, com a intenção de devolver a paz e a boa convivência ao ambiente de coexistência. Não há no ser humano valor maior que esse: o poder de reatar os laços rompidos.

Nessa história, não importou quantas vezes meu colega desnaturado pisou na bola com os colegas, ele sempre foi tacitamente perdoado por todos. E, além disso, ele sempre teve a humildade de dar a si mesmo uma segunda chance, mesmo depois de essa já ser, mais do que a décima vez que ele falhava consigo mesmo. Eu nunca o vi pedir desculpas a ninguém, e sei que ele nunca o fez; mas querer que alguém venha nos pedir desculpas, depois de nos ter ofendido, é também uma atitude de prepotência de quem se ofende. Se a pessoa volta arrependida, isso já é humilhação demais para alguém que erra. Saber perdoar, sem precisar ouvir o pedido de perdão, é uma dádiva dos fortes. Se você quer saber, se aquele trabalhador bipolar, e estressado, mudou sua atitude depois de tudo isso, eu te digo que não. Ele continuou a mesma pessoa, cometendo os mesmos erros. E todo mundo ao seu redor, continuou perdoando ele incondicionalmente. Mas alguém mudou com essa história toda. Eu mesmo. Aprendi a perdoar, ao invés de julgar. E aprendi a conquistar o meu espaço, apesar de meus próprios erros. E claro, apesar de perdoar e receber perdão, sei que é preciso corrigir as nossas falhas. Persistir nos mesmos erros até pode fazer com que as pessoas e chefes nos amem incondicionalmente, mas também faz com que saibam não poder confiar em nós. Por isso é importante, apesar das falhas, tentar melhorar.

E outro exemplo partiu de meus gerentes. Eu posso falar disso, a respeito de todos os gerentes, que eu já tive até hoje. E nesse caso eu avalio minha própria situação enquanto funcionário. O fato de eu saber das dificuldades de se viver em conjunto dentro de uma empresa, não é porque eu ouvi falar, ou porque eu vi isto nos outros, mas porque, muitas vezes, eu sabia que eu mesmo era o problema. Eu reparava, sempre em mim mesmo, falhas grotescas de comportamento, que eu até tentava mudar. O problema é que as mudanças levam certo tempo para acontecer. Com isso, os dias passavam, e eu tropeçava, frequentemente, justamente naquelas falhas, que eu queria tanto evitar. Para ser sincero, muitas vezes, no meio de situações estressantes, na verdade, eu nem queria fazer a coisa certa. Acredito que você compreenderá o que eu quero dizer com isso. Quando estamos passando por um momento de muito estresse, é muito difícil conseguir avaliar e agir do melhor modo.

A lição que eu aprendi aqui é que, mesmo que se em alguns casos eu precisei ouvir alguma reprimenda, isso nunca foi para me prejudicar. Meus chefes nunca me advertiram porque não gostavam de mim, mas apenas porque, eles queriam apenas me ajudar, a encontrar o melhor de mim em minhas ações. Depois de anos de experiência profissional, eu tenho certeza de que eu poderia voltar a trabalhar em qualquer das empresas por onde passei, apesar de todas as minhas falhas. Foi então que eu, mais uma vez, percebi que as falhas são inerentes a todos nós, e principalmente, a mim mesmo. O grande aprendizado não foi, apenas, de tentar mudar e corrigir meus erros, mas sim em alguns casos, me aceitar como eu sou em primeiro lugar, antes de chegar à mudança de fato. Eu aprendi a me cobrar menos, e a me dar mais novas chances. As pessoas, nossos colegas de trabalho, e nossos líderes, estão mais interessados em valorizar nossas qualidades, do que nossos defeitos. Eles querem nos ver evoluir, e superar nossas adversidades e dificuldades de personalidades. Nossos líderes, geralmente, já passaram pelos desafios e erros pelos quais atravessamos, e por isso têm essa capacidade de nos compreender. Os locais de trabalho acabaram sendo, acima de tudo, para mim, um local de profundo aprendizado. Hoje eu sou uma pessoa e um profissional, muito melhor, graças à compreensão de meus colegas e lideranças.

E para finalizar, um último exemplo do qual eu nunca vou esquecer, foi quando eu estava em uma reunião com um de meus líderes e ele me falou sobre o caso da demissão de uma pessoa da empresa, pessoa esta que aos meus olhos mereceu ser demitida, por ser mais um fardo para a empresa do que uma solução. Pois qual não foi a minha surpresa ao ouvir meu chefe falar da dificuldade em efetuar aquele desligamento. Eu não quis interromper o que ele estava falando para colocar a minha opinião de que aquela pessoa, na verdade, só reclamava do trabalho, que estava sempre estressada e perturbando o ambiente de trabalho para todos os colegas. E que bom que eu não interrompi o meu chefe, porque ele continuou me falando que sabia de todos os problemas daquele funcionário. Meu chefe estava a par de todas as dificuldades que aquele colega trazia para a empresa. Mas meu chefe também conseguia ver que aquele era um pai de família, com contas para pagar e que o estresse dele se devia ao fato de ter uma vida sofrida. Meu líder me deu um grande exemplo e me demostrou que ele conseguia ver além do problema, e que ele não estava apenas preocupado em resolver os aparentes problemas da empresa; ele, acima de tudo, queria saber que nós estávamos bem, enquanto trabalhávamos para resolver os problemas da empresa. Para mim aquela foi uma grande lição de humanidade e humildade. Eu precisava aprender aquilo. Eu precisava aprender aquilo sobre os outros, e sobre mim mesmo.

Ninguém é rude conosco apenas por razões fúteis. Por trás de todo gesto de indelicadeza, se esconde, quem sabe, problemas pessoais de magnitude quase intransponíveis. E numa situação dessas nós podemos ser apenas mais um a criticar, ou quem sabe, ser justamente a pedra de apoio, para uma pessoa, que há muito, já encontra poucas forças para caminhar. Em alguns casos, quem sabe, nós possamos ser essa pessoa que passa por dificuldades, e precisa da compreensão de nossos colegas, quando viemos trabalhar de cara fechada, e sem vontade de sorrir. Envergonho-me profundamente, por todas as vezes que eu julguei meus colegas, que passavam por mim, e não me cumprimentavam, para depois descobrir que eles estavam com um filho adoentado, ou que sofriam de algum tipo de depressão. É claro que não somos obrigados a aguentar a rudeza de ninguém, não estou impondo essa ideia sobre você, mas ser a pessoa com capacidade de transpor barreiras, e tentar compreender porque algumas pessoas agem com tanta rispidez, às vezes, pode ser talvez a única ajuda que aquela pessoa ferida terá em um mundo tão corrido, onde todo mundo tem pouco tempo para ajudar quem precisa. Eu, de minha parte, só tenho a agradecer a todos os meus colegas e chefes, que sempre souberam me ajudar, e me perdoar, quando eu pisava na bola. Hoje eu tenho a certeza de que muito aprendi com os meus erros. Muitos deles agora são apenas histórias do passado, enquanto que novos desafios se apresentam a cada dia. O meu segredo é nunca desistir, e mesmo que eu tropeçar, ter a humildade de voltar ao trabalho, e fazer o meu melhor, por mim e pelos meus colegas, mesmo com todas as minhas falhas.

Nunca esqueça: errar é humano, mas persistir nas falhas é ignorância.

SORRIA SEMPRE

Não há nada mais poderoso, e sutil ao mesmo tempo, que um singelo e sincero sorriso. A naturalidade de um sorriso verdadeiro ameniza qualquer clima pesado. Pessoas sorridentes são mais belas. O feio fica bonito, e o bonito fica irresistível. Um sorriso simpático revela abertura para se aproximar e estabelecer uma conversa. O sorriso estampado revela força. Um semblante carregado e atarantado esconde a insegurança de quem não sabe como se desvencilhar de um problema. Um rosto que consegue sorrir, mesmo no meio da adversidade, revela uma alma tranquila, de alguém que mesmo no meio da tempestade, sabe que ela vai passar.

Se você quer uma dica que pode simplesmente melhorar a sua vida em mais de 50%, eu lhe recomendo começar a sorrir. Em caso de você não ser bonito, e ter dificuldades em estabelecer relacionamentos afetivos, eu te recomendo começar a sorrir. Digamos que você seja daquelas pessoas que não sabe muito bem o que dizer em situações cotidianas, eu lhe incentivo a começar a sorrir, e perceber a mágica acontecer diante de seus olhos. O mundo é sobremaneira carregado de negatividade. Não é preciso andar muitos passos para encontrar pessoas taciturnas. Você há de concordar comigo, porque você tem amigos assim; quanto mais então colegas de trabalho e chefes, nem precisaremos mencionar. Então, para aqueles que fazem mão dessa arma poderosíssima (sorrir), com certeza a vitória é garantida.

Aqueles que ousam disparar as balas do sorrir, ao invés de ferir por meio do semblante carregado, ou pior ainda, por meio daquele olhar de superioridade, curam muitas almas sofridas, sem às vezes sequer desconfiar. Há alguns lugares no mundo que precisam de soldados dispostos a mudar o clima de estresse e tristeza, e o local de trabalho é um deles. Depois de um tempo, é natural que em qualquer interação social, a força gravitacional da rotina vá puxando os cantos dos nossos lábios para baixo. É natural que as leis da natureza sejam impiedosas com o nosso corpo, puxando tudo para baixo. Alguns efeitos aparecem com o tempo, e requerem cirurgia para serem revertidos; outros, infelizmente, acometem até mesmo aos jovens. O lado positivo disso é que podem ser revertidos apenas com uma decisão e uma ação: sorrir.

Por muito tempo eu acreditava que o ambiente de trabalho, e até mesmo a vida, pedia de mim um semblante sério. Eu acreditava que isso fazia de mim alguém mais respeitável. Em virtude disso, admito que para mim foi difícil, e ainda é, estampar um sorriso diário em minhas relações interpessoais. Não é incomum eu me surpreender com aquela cara de brabo e preocupado, e com a testa enrugada. É nítido para alguém como eu perceber a diferença de quando estou aparentemente sério, de quando estou expressivamente feliz. As pessoas têm mais coragem de se aproximar de pessoas que têm uma imagem sorridente. As pessoas naturalmente se afastam de pessoas sérias. Aliás, quando eu não quero muito papo com o mundo exterior, é exatamente isso que eu faço, eu fico carrancudo, e pronto, eu crio um campo de energia invisível de chatice que se traduz na minha expressão atarantada. Entretanto, não existe ambiente mais importante para se manter relacionamentos interpessoais do que o local de trabalho. Por experiência própria eu lhe garanto que vale muito mais a pena sorrir do que ficar fechado. Sai barato sorrir, e esse é um gesto que parece uma chave mestra que abre muitas portas.

Quando falo de sorrir, note bem que não estou falando daquele chato bobo-alegre, que importuna a vida de todo mundo, e de quem as pessoas não gostam, em virtude de sua inconveniência. Não é para sorrir forçada e mecanicamente. Não é para sorrir aquele sorriso sem vontade, de quem vê a pessoa que odeia, e mesmo assim tenta manter as aparências. O sorrir de que eu estou falando aqui, é um sorriso sincero. É uma ação de quem compreendeu a importância do gesto, e não de alguém que faz simplesmente porque alguém disse que é bom fazer. Se você discorda da minha opinião, e não entende o porquê de eu estar falando em sorrir, então é melhor que na verdade

SIGA O LÍDER (COMO SER UM ÓTIMO FUNCIONÁRIO,
NUNCA SER DEMITIDO E CONQUISTAR TODAS AS PROMOÇÕES)

nem faça mesmo. Os resultados de se fazer algo por obrigação, e ainda por cima sem vontade, são piores do que nem fazer.

E como fazer naqueles dias em que a gente está triste, e sem vontade de sorrir? Eu vou falar aqui do que eu vi, e não do que eu fiz. Eu tive uma colega de trabalho que sempre estava com uma energia muito positiva e sorridente. Eu sempre tive uma sensibilidade boa para detectar tristeza nas pessoas. Mas nela, eu nunca percebi nada. Até que um dia, ela desabafou sobre os seus problemas, e me revelou algumas dificuldades pelas quais estava passando. Aquela pessoa teria, em uma situação como a que ela me contou, todo o direito de expressar como se sentia, mas ela optou por encarar os problemas dela, sem despejar sobre os outros as suas dificuldades. Ela optou por erguer a cabeça, e sorrir. Tenho certeza de que ela é uma pessoa com uma força acima da média da maioria das pessoas, mas a verdade é que a postura dela reduziu sobremaneira o impacto negativo que um momento difícil pode ter sobre alguém, e sobre as pessoas a sua volta.

Além do mais, deixe-me revelar uma verdade muito dura sobre a vida: a mais cruel das verdades é que, no fundo, as pessoas não gostam de pessoas tristes e negativas. Os outros podem até querer ajudar por um tempo alguém que está triste. Entretanto, aquela pessoa que está sempre triste, as pessoas têm certa aversão por ela. Eu sei que, o que eu estou dizendo, é duro. Seria, quem sabe, melhor que eu nem dissesse. No entanto, o fato é que eu estou falando uma verdade, e você sabe disso. Se por acaso, mesmo concordando com o que eu estou falando, sobre sorrir no local de trabalho, você sinta que não tem condições para fazê-lo, pois tem algo de muito pesado lhe perturbando, e você não tem forças para resolver isso sozinho; então, talvez, seja hora de procurar ajuda profissional. Ficar chorando pelos banheiros e cantos, e falando sobre seus problemas para os colegas, não vai ajudar; você terá que encarar o problema com seriedade e ajuda profissional. Não deixe a tristeza vencer. Não faça de conta que você é forte e que as coisas estão bem, se você sabe que não é assim. Não há nada de errado em pedir ajuda. Mas é preciso pedir ajuda para alguém que possa nos ajudar.

Contudo, se você sentir que é forte o bastante para, a partir de hoje, começar a vestir o seu belo rosto com um sorriso ainda mais lindo, e ser verdadeiro nesse gesto, eu recomendo que você se prepare para os ataques que irão lhe acometer já no primeiro dia da nova mudança. Pois serão ataques de elogios de positividade. Serão ataques de inveja, daqueles que tentarão lhe trazer para baixo, para o mesmo nível de infelicidade que eles vivem. Serão ataques de perguntas, para saber o que está acontecendo com a sua vida. Todo mundo irá te bombardear com observações, positivas e negativas. Você passará a ser notado no ambiente de trabalho. A felicidade chama atenção, especialmente em um local onde, normalmente, como dissemos, a maioria das pessoas já se acomodou em não sorrir mais. Prepare-se para uma mudança de vida, para muito melhor. Talvez seja até natural sentir nos primeiros dias lapsos de tristeza profunda, por causa da ação de sorrir. Eu não sou médico, mas eu acredito que isso deva acontecer porque, pelo simples ato de sorrir, você começa a forçosamente jogar sua autoestima e felicidade para cima, gerando em um primeiro momento, um contraste expressivo com relação ao que você antes era. Não tem problema, isso é normal.

Talvez seja muito legal e bacana adotar essa postura nos primeiros dias, mas certamente virão momentos tristes, ruins, e desafios, que nos farão sem dúvidas, aos poucos, mudar para a velha postura. E, o pior de tudo, é que nós mesmos, dentro de nossa cabeça, nos convencemos de que não vale a pena mudar, e de que é melhor manter as coisas como elas são, e ser como a maioria. Não! Isto está errado. E você terá que adotar alguma estratégia que seja simples, para sobrepujar essa ameaça. A minha estratégia sempre foi escrever em um post-it "SORRIA" e deixar esse papelzinho colado, na frente do meu computador. Vale a pena também deixar lembretes pela casa e pelo carro. Vale de tudo para vencer esse cabo de guerra pelo nosso bem-estar. Também ajuda muito ver fotos de pessoas famosas sorrindo ou fazendo caretas. Assim como conviver com pessoas estressadas e tristes nos influencia, conviver com pessoas felizes e sorridentes faz o mesmo por nós. Mas se, por acaso, você não tem a sorte de conviver em um ambiente de trabalho onde as pessoas são naturalmente motivadas, talvez tenha que apelar para a internet e ver fotos de pessoas que lhe sirvam de inspiração. Eu sempre gostei muito de ver as fotos do Jim Carrey, rindo daquele jeito exagerado, e também de ver o sorriso lindo e espontâneo da Oprah Winfrey, especialmente por saber que o sorriso dela revela um sorriso de quem venceu dificuldades que seriam praticamente intransponíveis. É como se, com o sorriso dela, ela quisesse dizer: eu consegui, então você também pode. E por último, nada melhor do que assistir programas de comédia. Por favor, pare de assistir programas que só lhe trazem informações sobre tragédia e tristeza. Foque a sua atenção e tempo em coisas boas. Filmes de comédia são um excelente motivador para nos inspirar a sorrir. Não se preocupe com os problemas e as notícias ruins, pois eles sempre acham um jeito de nos encontrar onde quer que estejamos.

E se, por acaso, você já é uma pessoa que consegue fazer uso desse incrível instrumento de melhoria de qualidade de vida, então fica aqui os meus parabéns e o meu desejo de ainda mais sucesso para você. Eu sei, e quero deixar registrado a você, que o impacto positivo que você tem na sociedade é indizível. O seu sorriso, com toda certeza, já ajudou muitas vidas. Mas não mais do a sua própria vida em especial. Obrigado por existir e por sorrir.

Portanto, se tem algo do qual eu gostaria que você lembrasse constantemente, pois fará muita diferença na melhoria do seu bem -estar, e das pessoas ao seu redor, é o ato de sorrir sempre. E se for para ser meramente calculista, com o intuito de conseguir benefícios próprios, sorrir é sem dúvidas a melhor estratégia. Por isso: sorria, sorria e sorria.

Lembre-se: sorria, você está sendo observado!

NETWORKING

CONHEÇA AS PESSOAS E SEJA CONHECIDO POR ELAS

Em um momento de dificuldade você nunca sabe de onde pode vir ajuda, por isso, quanto mais pessoas você conhecer, melhor. Você não precisa de uma desculpa para começar uma nova amizade com alguém, basta se apresentar. Fazer isso em qualquer lugar pode ser difícil, mas não nas empresas e eventos empresarias, pois é justamente nesses ambientes que as pessoas estão mais abertas a fazer novas amizades. Eu não estou falando daquela amizade para visitar a sua casa para comer um churrasco, mas daquela amizade profissional que troca algumas informações básicas e continuam tocando suas vidas, até que um dia, quem sabe, ou você ou a outra pessoa precisa daquela ajudinha, e nada melhor nesse momento do que conhecer as pessoas certas.

Note a importância de não apenas conhecer as pessoas, mas de também ser conhecido por elas. Mas vamos primeiro compreender o que significa conhecer as pessoas. Isso implica sempre prestar atenção ao que elas têm a dizer. Portanto, mais importante do que tudo no mundo nesse quesito, você precisa lembrar o nome de todas as pessoas com quem você tem um relacionamento profissional. Mesmo que isso pareça ser uma tarefa árdua, não se preocupe, você com certeza tem um cérebro com capacidade de processamento de dados capaz de cumprir com esse desafio. Lembre-se do nome das pessoas; de todas as pessoas. É importante nesse quesito não discriminar ninguém. Você nunca sabe de onde a sua ajuda pode vir. Então faça amizade com todas as pessoas possíveis. Aqui estamos nos referindo, claro, a respeito do círculo de conhecidos dentro de uma empresa, mas você pode aplicar essa teoria a qualquer ambiente que você frequenta, seja escola, universidade, igreja, bairro, comunidade, feira, festa e por aí vai. Lembre o nome de todos, desde o porteiro, a tia da faxina, o colega do setor de RH, o motorista do caminhão, o estagiário, o chefe, o diretor da empresa, todos, sem discriminação. Esse é um excelente exercício de humildade acima de tudo. Existem pessoas que só fazem questão de conhecer pessoas importantes. Isso é, primeiramente, um comportamento de arrogância e segundo, uma estratégia ruim. Por algum motivo que a ciência um dia irá explicar, existem informações que primeiramente passam pelos ouvidos das pessoas mais simples dentro da empresa. Geralmente as tias da limpeza são as que têm acesso a salas importantes e ficam sabendo antes do que muitos chefes a respeito de mudanças importantes que vão acontecer; então seja você minimante esperto, e faça amizade com todas as pessoas possíveis dentro da empresa. Algumas pessoas já têm essa habilidade naturalmente embutida dentro delas, veja os políticos, por exemplo, eles são os campeões em fazer amizade com o máximo de pessoas que eles encontram, pois é obvio, eles sabem que o sucesso profissional deles depende do voto de cada uma das pessoas que eles conseguem alcançar.

E lembre-se, memorize o nome de todas as pessoas. Esse pode ser um exercício um pouco difícil para algumas pessoas de desenvolver, mas de extrema importância. Para mim levou muito tempo para dominar essa técnica. Alguém me falava o seu nome e eu já esquecia imediatamente. O segredo para aumentar as chances de nunca esquecer o nome de alguém é que quando vocês se apresentarem, você deve repetir o nome da pessoa pelo menos três vezes em voz alta. Como isso funciona? A pessoa lhe fala o próprio nome, então você repete para confirmar. Então a pessoa confirma. Daí você diz: prazer em conhecê-lo "fulano". E para arrematar, faz uma pergunta, ou diz algo usando o nome da pessoa, por exemplo: você é daqui mesmo "fulano"? Ou, ah, eu tenho um tio que se chama "fulano". E por aí vai. Depois de fazer isso, você nunca mais vai esquecer o nome de ninguém.

E se você é do tipo de pessoa que se considera tímido, e acha que não vai conseguir agir assim, então é necessário dominar duas

SIGA O LÍDER (COMO SER UM ÓTIMO FUNCIONÁRIO,
NUNCA SER DEMITIDO E CONQUISTAR TODAS AS PROMOÇÕES)

estratégias muito simples. Uma, que já vimos, é a de memorizar o nome das pessoas. O que lhe deixa tímido é a sensação de estar falando com alguém estranho. Mas como você já conseguiu o nome da pessoa, então essa sensação já reduz bastante. O outro ponto é fazer perguntas muito simples, do tipo: como vão as coisas? Como vai o trabalho? Onde você mora? O que você faz? Como vai a família? Uma pergunta que é poderosa com aquelas pessoas que têm filhos pequenos, é perguntar sobre as crianças (os filhos) dessas pessoas. Os pais sempre se derretem quando é para falar dos próprios filhos. Então, se você perguntar para alguém a respeitos dos filhos dessa pessoa, ela com certeza falará por você e por ela, e você não terá que se preocupar muito com o que dizer. Basicamente, o que eu quero dizer com esse segundo ponto é que você não precisa se preocupar muito com o que dizer, mas sim com o que perguntar, e para isso perguntas simples são as suas melhores opções.

Muito bem, mas e como chegar ao ponto de começar conversas nas empresas com pessoas que eu nem conheço? Essa é a parte mais fácil de todas, e tem a ver com o segundo ponto de nosso estudo neste capítulo, que se refere a fazer as pessoas conhecerem você. Até agora a gente falou sobre como você fazer para lembrar e conhecer outras pessoas (o máximo de pessoas possíveis), agora é chegado o momento de fazer as pessoas conhecerem você. Mas como? Simples.

Aja simplesmente como se você já conhecesse todo mundo. O que você faz quando conhece as pessoas? Você simplesmente as cumprimenta. É muito simples. Você olha nos olhos e larga um: bom dia, tudo bem? A partir da segunda vez que você passar por alguém, e cumprimentar assim, ela já terá a nítida impressão de conhecer você de algum lugar. O resto acontece por si só. Você não precisará ir até a pessoa e se apresentar, as circunstâncias irão acontecer naturalmente para que essa oportunidade apareça. E quando ela aparecer, será muito mais fácil estabelecer uma amizade. Neste capítulo é muito importante utilizar outra ferramenta que estudamos no capítulo anterior, que é sorrir. Então é assim, você vai passar por alguém que nem conhece, mas você olha essa pessoa nos olhos, sorri e larga algum cumprimento caloroso. Pronto, já está estabelecida uma relação, ou pelo menos o início de uma. E se ainda for possível apertar a mão de alguém em um momento que você sinta essa abertura, então melhor ainda. E lembre-se, se for possível iniciar um diálogo, mas você estiver nervoso, faça perguntas simples, e que na verdade não perguntam nada: como vai, tudo bem? Trabalhando muito? Muita "correria"? E por aí continua. Sabe aquelas perguntas rápidas de corredor? Pois é, use todas, até que você consiga estabelecer um diálogo mais harmonioso e significativo especificamente com essa pessoa. E não esqueça: lembre-se do nome dessa pessoa! Lembre-se do nome! Lembre-se do nome! Lembrar o que? Repita! Lembrar-se do ... ?

Mas digamos que você tem uma função que você possa achar muito humilde e você quer um dia se tornar, por exemplo, um designer importante, e ainda por cima você é muito tímida para aplicar essas técnicas. Será que elas ainda assim são válidas para você? Claro que sim. Pois fique sabendo que não existe limite para as estratégias de conquista de espaço dentro de uma empresa. Se você estiver sendo conveniente e educado, vale tudo. E se você quer subir degraus dentro da empresa, e garantir ajudas futuras de pessoas que hoje você nem imagina que um dia poderão lhe ajudar, então essa é a estratégia, e o capítulo mais importante para você aprender.

As divisões de hierarquia dentro de uma empresa são meras formalidades. Aquela pessoa que pensa que porque tem um cargo mais importante do que as outras, e que age com arrogância, não passa de um ser humano inseguro e ignorante. Mas o mesmo vale para aquela pessoa que acha que tem um cargo menos importante, e por isso age com excessiva humildade, anda de cabeça baixa, tem medo dos supostos superiores, e deixa a sua timidez tomar conta das suas capacidades cognitivas. Deixe-me registrar isso muito claramente: ninguém é mais do que ninguém, e todas as funções dentro de uma empresa são importantíssimas para aquela empresa. Então você tem toda a liberdade do mundo de criar uma rede de contatos e bons relacionamentos com todos. Desde o porteiro até o diretor,

SIGA O LÍDER (COMO SER UM ÓTIMO FUNCIONÁRIO,
NUNCA SER DEMITIDO E CONQUISTAR TODAS AS PROMOÇÕES)

todos são importantíssimos, e todos são ao mesmo tempo apenas seres humanos. Sim, você deve tratar aquele cara lá de cima com um pouco mais de formalidade, enquanto que o cara ali de baixo você pode tratar com um pouco mais de naturalidade. O que acontece é que dentro de você há a compreensão de que ambos são apenas seres humanos lindos e maravilhosos, e que você está no mesmo nível que ambos.

Então o que observamos de muito importante nesse momento é que, independentemente de sua posição dentro da empresa, o que vai contar muitos pontos a seu favor é a sua postura. Uma boa postura, um belo e simples sorriso, sem exagero, um simpático cumprimento ao passar por uma pessoa, mesmo que você não a conheça em um primeiro momento, é uma forma de agir que vale para todas as pessoas dentro da empresa. Se você fizer isso sendo um operário de produção, ou se fizer isso sendo o diretor da empresa, você será naturalmente conhecido por todos. O nome disso se chama cordialidade. Isso é uma ação de tratamento de respeito para com todos. Não pense que ser humilde é apenas o chefe tratar com respeito e postura alguém em uma função mais simples, mas é também a pessoa da função mais simples tratar um chefe com educação e cordialidade. E pessoas simples são as que têm essa capacidade mais desenvolvidas do que pessoas, às vezes, em posições mais elevadas na empresa. Então, muito cuidado para você nunca perder essa característica à medida que for subindo posições dentro da empresa.

Então, para que as pessoas saibam quem você é, será necessário que você seja o seu próprio cartão de apresentação. Você precisa ter essa postura simpática, que sorri e cumprimenta todas as pessoas ao seu redor. Não importa como você está se sentido naquele dia, você precisa imperiosamente agir com cordialidade e sorrindo para todas as pessoas com quem você se comunicar, pois você nunca sabe onde sua próxima grande oportunidade pode estar; portanto, você não pode de forma alguma jogar nenhuma oportunidade sequer fora, e o seu objetivo também é construir o máximo de pontes possíveis com as outras pessoas. Não importa quem é a pessoa, você irá fazê-la sentir-se pelo menos um pouco curiosa em saber quem você é. Então digamos que você quer ser uma designer, e vai agora passar por uma das designers da empresa, mas você hoje trabalha na produção, e está usando guarda-pó. Muitas pessoas nessas condições se sentiriam inferiorizadas, passariam reto e de cabeça baixa. Tchau! Aqui se foi uma oportunidade. Você não pode fazer isso. Você vai passar por ela e normalmente olhar nos olhos da pessoa, sorrir sutilmente, e dizer um simples: olá. Pronto, basta. Lembrando-se de manter aquela postura, que não é nem subserviente, nem arrogante; é apenas uma postura educada. Faça toda e qualquer pessoa perceber que você existe dentro dessa empresa. Faça isso de maneira natural e consciente. Mesmo que você não queira mudar de função dentro da empresa, ou que você não esteja nem um pouco preocupada em saber quem aquela outra pessoa é, faça isso, pois você não sabe das surpresas que o futuro irá lhe trazer, e quem sabe justamente aquela pessoa que você apenas tratou bem ao passar por ela, é a pessoa que poderá lhe ajudar num futuro próximo.

Digamos que a mesma situação aconteça, mas agora ao passar pelo presidente da sua empresa. Lá vem ele, de terno e gravata e cabelo impecável. Você fará exatamente a mesma coisa. Você não está sendo invasivo, mas também não está permitindo que ele passe sem perceber que você existe. Na segunda vez que passarem um pelo outro, em algum outro dia, ele já terá a nítida impressão de que conhece você, e isso já lhe serve como uma grande vantagem. Preste atenção que o espaço de tempo aqui é muito curto para deixar qualquer tipo de impressão positiva, e perceba que você nunca sabe quando um grande momento assim irá acontecer. Entretanto, se você tiver essa postura cordial constantemente as chances desses momentos aparecerem acontecerão o tempo inteiro, porque afinal de contas você estará o tempo inteiro agindo assim com todas as pessoas, sem distinção; portanto serão muitas as novas oportunidades. Então faça algo muito simples, esteja sempre bem arrumado, com o cabelo penteado e a barba feita, sem bafo e com um bom perfume sempre a exalar. Mesmo que você trabalhe em um calor infernal

SIGA O LÍDER (COMO SER UM ÓTIMO FUNCIONÁRIO,
NUNCA SER DEMITIDO E CONQUISTAR TODAS AS PROMOÇÕES)

dentro da produção, procure sempre manter um mínimo de boa aparência. Ou se você trabalha na rua o dia inteiro, sujeito ao sol e a chuva, mantenha sempre o máximo possível uma boa aparência.

Entretanto, logo que você começar a fazer isso, você irá se deparar com aquelas pessoas que irão simplesmente lhe ignorar, ou até lhe tratar com certa arrogância. Algumas pessoas não fazem questão de ser cordiais. Certas pessoas odeiam qualquer tipo de relação interpessoal, ou de ver que alguém está em um estado de espírito positivo. Isso não é culpa sua. Não há como saber que tipos de problemas pessoais aquele indivíduo está enfrentando, ou que tipo de educação ele recebeu. A maneira mais correta de agir com tal pessoa não é revidar a deselegância com o mesmo nível de deselegância. Pelo contrário. Quando alguém nos trata com indiferença, é nesse momento que iremos de fato testar se nosso próprio comportamento é genuíno, ou meramente uma fachada de mentira. Eu mesmo muitas vezes em minhas relações profissionais, na tentativa de ser um cara legal com outras pessoas, me deparei com a frieza e arrogância de certas pessoas. Muitas vezes eu agi errado e copiei a forma como eu era tratado. O que posso dizer é que aprendi a nunca revidar na mesma moeda, pois, afinal de contas, posso até mesmo precisar daquela pessoa algum dia no futuro, ou pior, posso vir a descobrir que aquela pessoa agia daquela forma por motivos muito duros pelo qual vinha passando. Então se eu trato todos sempre positivamente e com cordialidade, nunca terei motivos para arrependimentos, e sempre terei portas abertas para com qualquer um. É claro que em casos extremos é recomendável respeitar, e manter certa distância de pessoas que simplesmente não querem nada com a gente. O que não pode acontecer jamais é deixarmos a negatividade dos outros manchar a nossa positividade.

E por falar nisso, espero que possamos nos encontrar em algum evento ou empresa em breve. Se eu não for falar com você, venha você falar comigo, por favor. Será uma honra.

ESTUDE MUITO

Por vivermos em uma sociedade exacerbadamente capitalista, acabamos muitas vezes caindo na ilusão de acreditar que, status social tem a ver com a posse de bens. Achamos erroneamente que rica é aquela pessoa que tem carros caros, roupas chiques, não apenas uma casa linda, mas várias, uma na cidade, uma na praia, e uma na serra. Não me interprete mal, pessoas que adquirem tudo isso devem ser respeitadas, pois provavelmente trabalharam muito para adquirir tudo que têm. O que eu quero dizer é que não caiamos na ilusão de acreditar que é isso que faz delas pessoas ricas, pois não é. O que faz essas pessoas conquistarem muito do que vemos como bens materiais, é a sua capacidade intelectual. O erro que cometemos, portanto, é o de olhar nossa presente situação financeira humilde, e acreditar que nunca chegaremos a uma condição financeira melhor, pois a distância entre um ponto e o outro é muito grande. Isso acontece porque estamos olhando para o ponto errado que define a riqueza, e nesse caso sim, alcançar riqueza como a do outro pode ser impossível de se conquistar. Entretanto, se aprendermos a olhar para o ponto certo, que define a verdadeira riqueza, descobriremos que ela é acessível a qualquer ser humano, e esse ponto é a educação.

Educação não é algo que alguém vai nos dar de presente. Ela não é como um produto que você compra no supermercado e sai usando. Você precisa trabalhar duro para adquiri-la. Portanto, é muita ilusão e ingenuidade acreditar que algum dia algum governo do mundo irá fornecer a melhor educação possível para a massa da população. Isso nunca vai acontecer, e quanto antes você ser der conta disso, mais rápido você terá condições de achar soluções para esse problema, pois sim, o seu nível de educação determinará o seu nível de sucesso. Por educação você não deve interpretar a educação formal que recebemos na escola. Educação tem de ser aqui traduzida por capacidade intelectual, pois isso explica e nos faz compreender como que pessoas que muitas vezes nunca estudaram, conseguem alcançar um padrão de vida financeiro tão admirável. Isso acontece porque elas usam um pouco, ou muito, de tudo o que é abordado aqui neste livro, mas principalmente porque elas desenvolvem sua capacidade intelectual para resolver grandes problemas. Isso não quer dizer que elas são as pessoas mais inteligentes do mundo. Isso quer dizer que elas não têm medo de aprender com os erros. Educação é sinônimo de capacidade de aprender.

Veja bem que aprender nunca é um processo simples. Mesmo um gênio não aprende de maneira fácil. O gênio é alguém que despende horas de intensa concentração sobre o conteúdo que deseja conhecer. Uma pessoa, mesmo que humilde, que adquire um padrão de vida financeiro admirável, é alguém que despendeu muito tempo aprendendo alguma técnica e não teve medo de aprender com os erros. Educação é, portanto, também o antônimo de preguiça. Antônimo significa o oposto. A pessoa inteligente não tem preguiça de aprender. As pessoas que reclamam da educação no país acreditam que uma vez que o governo solucionar esse problema, todo o conhecimento do mundo será facilmente implantado em suas cabeças, como se elas não precisassem fazer nenhum esforço. Isso nunca vai acontecer. Adquirir educação requer muito trabalho; muito esforço. Eu arrisco dizer que o problema da educação é melhorado exponencialmente nos países com acesso à internet. Entretanto, as pessoas continuam a reclamar do baixo nível de educação e de investimento do governo, pois elas não se dão conta de que a educação vem primeiramente é com o próprio esforço. Nos países em que a internet está disponível, o acesso a bons livros é gratuito, pois é possível fazer o seu download diretamente para o computador da pessoa, mas eu me pergunto: quantas pessoas têm a força de vontade de ler bons livros? Onde há internet, há o acesso livre ao *Youtube*, que é uma das ferramentas mais incríveis inventadas pelo ser humano e que dá acesso a qualquer tipo de conhecimento disponível no mundo. Mas eu me pergunto: quantas pessoas sobrepujam sua preguiça a fim de aprender por conta própria algum novo conhecimento? Eu tenho certeza que algumas pessoas dirão que apesar de ter internet disponível no seu país (região), não têm condições financeiras de comprar um computador para estudar em casa. Essas mesmas pessoas que reclamam disso, eu aposto que todas, ou a maioria, têm uma televisão e um celular. Acelerariam muito mais o seu processo de enriquecimento pessoal se investissem o dinheiro desses dois aparelhos em um bom computador ao invés de investir naqueles objetos que só fazem estimular ainda mais a preguiça.

Nem vou entrar no mérito da fácil acessibilidade que qualquer ser humano tem a bons livros. Mesmo eu que sempre morei em uma pequena cidade, sempre tive acesso gratuito a bons livros na biblioteca de minha cidadezinha. O que acontece é que ler bons livros dá muito trabalho. É um esforço mental mais intenso do que qualquer atividade física. Aprender a ler livros pode ser um desafio tão complexo quanto ganhar uma medalha olímpica, mas o prêmio da sua conquista vale mais do que qualquer medalhinha de ouro, pois o que transforma trabalho em ouro não é o suor, mas a inteligência. Se você duvida de mim, pergunte a qualquer atleta campeão como ele faz para ganhar aqueles títulos. Você se surpreenderá com a capacidade intelectual daquelas pessoas. Aliás, é exatamente sobre isso que eu estou falando quando toco no ponto da educação. Eu não quero dizer que você precisa necessariamente ler, ou ter um diploma, ou passar por uma escola. Não. Muitos atletas não tiveram a chance de estudar. Muitos grandes empresários tiveram que abdicar dos estudos para poder se sustentar. O que eu quero dizer é que as pessoas de sucesso, as pessoas ricas, os medalhistas de ouro, todos têm dentro de si absolutamente desenvolvido a sua capacidade intelectual. E isso muitas vezes contra todas as expectativas, pois muitas vezes não tiveram incentivo nenhum para estudar; venceram por méritos próprios. E não é a constituição física e esforço que faz deles vitoriosos, mas a intelectualidade. Não se deixe enganar pela aparência física, pois é a inteligência que faz um campeão. Nunca me esquecerei do Mohammad Ali, que mesmo na fase final da vida, quando seu corpo estava debilidade pelo Parkinson, ainda era um campeão. Isso porque a sua mente era afiadíssima, e não porque ele teve uma boa educação formal. Ele buscou aprender com os livros e com a vida. A mesma coisa vale para o Mike Tyson. Eu sempre achei que ele era apenas um brutamonte vencedor de muitos títulos no boxe, quando, para minha surpresa, assisti a uma de suas entrevistas e descobri nele um homem extremamente lúcido e inteligente, e que acima de tudo era um devorador de livros. Lembre-se disso, ninguém vai te dar educação, você terá que pegá-la por contar própria. Aliás, pegá-la não, caçá-la, agarrá-la, esfaqueá-la com raiva e determinação para que ela não fuja, e quando você achar que tiver abatido a presa, lembrar que esse esforço dura somente o tempo suficiente para matar a fome daquele dia, então terá que ir à caça de novo, todos os dias, pelo resto da vida, e que quando por acaso você desistir, ou achar que outros devem caçar por você, é nesse dia que você irá começar a morrer. Não espere o governo resolver o problema da educação no seu país, vá você mesmo em busca do próprio desenvolvimento.

Nos países que não têm o Inglês como língua materna ou como matéria nas escolas, eu incentivo fortemente que todas as pessoas em qualquer idade e em qualquer atividade aprendam essa língua. Digo isso porque o Inglês é hoje a língua de interação mundial. É possível viajar pelo mundo todo falando o Inglês. Além do mais, muito do conhecimento mais moderno disponível na internet está em Inglês. Consequentemente, a pessoa que domina essa língua terá acesso ao que há de mais atual no mundo da informação. E não basta apenas falar aquele Inglês medíocre que aprendemos nas escolas. É importante dominar o Inglês. Para aqueles que não têm condições de estudar em uma escola particular, o jeito vai ser estudar muito por conta própria; sem choro. Para aqueles que não têm condições de viajar para outro país para aprimorar o idioma, o jeito vai ser ler muitos livros e usar a internet e o *Youtube*; sem reclamação. O Inglês abre muitas portas para o conhecimento e para o mercado de trabalho, portanto é imperativo dominar o seu conhecimento. E para aqueles que já dominam o Inglês, então é mais do que recomendado falar ainda uma terceira língua, não importa qual seja. Recomendo que se opte nesse momento por algum idioma que a pessoa gostaria muito de aprender. Tanto faz qual seja. Pois o aprendizado de uma nova língua desenvolve a plasticidade cerebral e a memória. E para aqueles que dizem que não gostam de Inglês ou de aprender qualquer outra língua, eu recomendo que sacudam para bem longe essa preguiça imediatamente, porque a sua língua materna você não aprendeu porque gostava, mas sim porque era uma necessidade. As habilidades linguísticas não estão no escopo das atividades que temos que aprender porque gostamos, mas sim porque precisamos. Entretanto se você for muito "cabeça dura" e insistir em discordar de mim nesse ponto, é claro que você tem todo o direito, e eu nem quero fazer de conta que sou o dono da verdade. Eu respeito profundamente sua péssima decisão, preguiça e intransigência. Mas se você chegou até este ponto do livro, provavelmente você não é esse tipo de ser humano.

Good luck.

CUIDE DE SUAS FINANÇAS

O pobre é pobre porque ele age como se fosse rico, e o rico é rico porque ele age como se fosse pobre. O rico cuida de suas finanças nos mínimos centavos. O rico compra na promoção e cuida o preço de tudo no mercado. O pobre faz parcelas de coisas que mal pode comprar, e muitas vezes gasta todo o seu pagamento antes que o mês chegue ao fim. O rico sabe que a riqueza honesta está associada ao trabalho árduo e ao uso da inteligência, e que na vida ninguém ganha dinheiro, mas que o dinheiro é algo que se conquista. O pobre tem inveja daqueles que têm dinheiro e acredita na frase ganhar dinheiro, sendo que isso não existe. O dinheiro que recebemos todo o mês é pagamento pelo nosso trabalho, ou seja, não estamos ganhando aquele dinheiro, estamos trabalhando por ele.

Para ficar financeiramente rico, é preciso aprender a controlar as próprias finanças. O primeiro passo para gerar riqueza é aprender a economizar. Por exemplo, quantas não são as pessoas que pegam o valor que recebem das férias no final do ano e gastam tudo? Eu já fui uma dessas pessoas e eu conheço muitas. Não nos damos conta de que aquele valor é o mesmo salário que recebemos em todos os outros meses, e que deve ser usado para arcar com as mesmas despesas de todos os outros meses. A única coisa que recebemos a mais por assim dizer é aquele um terço. Entretanto, isso não quer dizer que precisamos gastar tudo com as férias. É claro que você tem o total direito de fazer o que bem compreender com o seu dinheiro, mas é importante observar, e ser muito sincero em admitir, que muitas vezes gastamos nosso tão sofrido dinheiro sem sabermos exatamente o que estamos fazendo com ele.

Saber compreender as próprias finanças e saber fazer bom uso de nosso recurso financeiro é um grande passo para viver uma vida muito melhor e mais feliz. Ao aprender a controlar nossas despesas, por exemplo, descobrimos que nem é preciso ser assim tão rico para se viver uma vida agradável; basta muitas vezes saber o que fazemos com o nosso dinheiro, e não entrar em dívidas desnecessárias que não temos condições de pagar.

Falando das férias, por exemplo, ninguém disse que esse é um momento de parar tudo o que fazemos na nossa vida, e descansar por 30 dias, gastando todas as nossas economias financeiras. Pense bem que desperdício de tempo e de recursos. As pessoas poderiam muito bem programar as férias para, sim, aproveitar e relaxar um pouco, mas concomitante a isso também quem sabe aprender algo novo, ou ler bons livros. Esse tempo todo pode ser uma boa oportunidade para organizar ideias e para aprimorar nossos conhecimentos, já que no período do ano em que passamos trabalhando mal temos tempo para isso.

Tirar momentos para aprimorar nossos conhecimentos e habilidades é o que, por exemplo, pode nos ajudar a expandir nossas condições financeiras. Imagine se você programasse as férias para ler quatro bons livros sobre finanças, romance, espiritualidade, e uma biografia. Pense em quanto mais preparado para enfrentar as situações do novo ano você estaria. Contudo o que muitos fazem é passar 30 dias na praia gastando todo o dinheiro, engordando, perdendo toda a virilidade física conquistada ao longo do ano todo, e fazendo planos para o novo ano que nunca vão de fato cumprir. Eis aqui uma grande forma de não saber gerir suas finanças e tempo.

Por falar nisso, gerir finanças tem tudo a ver com tempo. Pois o dinheiro que conquistamos por intermédio do trabalho nada mais é do que o tempo que poderíamos estar usando para fazer outras coisas, mas temos que dispor ao trabalho, pois precisamos viver. Tirando esse fato imutável, temos que aprender a utilizar melhor os outros momentos de nossa vida, sobre os quais temos algum controle. Por exemplo, depois do trabalho é muito mais recomendável tirar tempo para estudar do que para assistir novela. É muito mais válido tirar tempo para estar com a família do que tirar tempo para estar em algum bar ou evento social. É muito mais proveitoso tirar tempo para ler do que para ficar jogando vídeo game. Não estou dizendo que você dever parar de fazer as coisas que gosta, mas que deve organizar a vida para fazer tudo o que precisa fazer. E não há nada mais urgente do que continuar se aprimorando.

Muitos nunca fazem uma faculdade porque nunca têm dinheiro para começar, e porque sempre têm outros planos mais importantes. E com isso acabam passando a vida inteira sem estudar e se aprimorar, e sem melhorar de condição de vida. É importante parar de achar desculpas para não fazer as coisas que devemos fazer. Geralmente as coisas que devemos fazer, e que realmente são importantes para nós, custam caro e demandam tempo e esforço. Por isso é importante começar o quanto antes, nem que seja um mínimo possível. Pois pior do que fazer aos poucos e demorar para chegar, é nunca começar e nunca chegar a lugar nenhum.

Essa é uma diferença gritante entre pobres e ricos. Os ricos muitas vezes, na verdade, são pessoas que um dia foram pobres, e que descobriram como ficar ricos. Ou então são filhos de pais ricos que aprendem com os pais os segredos de uma vida que produz riquezas. O pobre, em contrapartida, muitas vezes não compreende isso e se sente injustiçado. No passado era mais difícil para um pobre subir na escala social, hoje em dia não existem barreiras para ninguém. E saber fazer uso de suas finanças é um dos requisitos fundamentais para diferenciar um rico de um pobre. Afinal de contas, não é isso que estipulamos para determinar quem é rico e quem é pobre, o fato de um ter muito dinheiro e o outro pouco? Então nada mais importante do que aprendermos a lidar com o fator dinheiro.

E para começar isso nada mais importante do que iniciar pelo nosso salário. Essa é a nossa primeira fonte de renda. E mesmo aquele que "ganha" muito pouco, se trabalhar com inteligência e controle financeiro pode passar a "ganhar" muito. A propósito, deixe-me fazer um parêntese muito importante aqui. Eu não quero dar a entender que ser rico é motivo de felicidade e que ser pobre é motivo de demérito. Não, de forma alguma. Você deve avaliar em sua vida se está disposto de fato a ter uma vida de rico. Porque a verdade é que a vida de rico, ao contrário do que muitos pensam, envolve muito trabalho e dor de cabeça. Talvez valha muito mais a pena ter uma vida simples e tranquila, do que aquela vida que às vezes pode enganar os olhos de um observador desatento. O que eu quero deixar claro neste capítulo é que a importância de controlar bem as finanças é um fator que pode ajudar qualquer um a alcançar uma vida financeira abundante, mas também pode fazer com que aquela pessoa mais humilde tenha uma vida muito mais tranquila e feliz.

Pois quantos não são os ricos e os pobres que vivem uma vida financeira de dificuldades e dívidas? Digo que são muitos. Tanto um como o outro podem ser vítimas da falta de controle financeiro. A falta de controle financeiro tem o poder de fazer da vida do rico e do pobre um inferno. Então nada mais importante do que prestar muita atenção a essa questão. Por isso o salário é o ponto de partida. Foi por causa desse detalhe que eu disse que o rico age como pobre e o pobre age como rico. A maioria dos ricos sabe da dificuldade que é conquistar o salário. Eles sabem quanto do seu tempo investiram para conquistar cada nota que têm no banco. É comum vermos ricos indo ao mercado e controlando tudo o que compram. É muito natural ver nas famílias de ricos os pais ensinando os filhos a importância do controle financeiro, e a necessidade de se economizar e não gastar em coisas que não são importantes. Em contrapartida, é muito comum ver em famílias humildes pais que não têm qualquer respeito pelo tão sofrido salário que conquistaram. Muitos saem a esbanjar um dinheiro que muitas vezes não têm, em coisas que não precisam. O rico, se não tem dinheiro para fazer uma festa, não vai fazer a festa. O rico não tem vergonha de andar com roupas simples, se por acaso não tiver condições de comprar roupas novas. O pobre é o campeão em fazer churrascos e tomar cerveja quando menos deveria, além de geralmente andar com roupas muito boas e comprar todos os aparelhos tecnológicos mais modernos. Por favor, não faça isso com você mesmo. Quer seja rico, quer seja pobre, cuide bem

SIGA O LÍDER (COMO SER UM ÓTIMO FUNCIONÁRIO, NUNCA SER DEMITIDO E CONQUISTAR TODAS AS PROMOÇÕES)

do seu dinheiro, e não vá se meter em dívidas que não pode pagar, e que vão lhe roubar o seu valioso sono.

Muitos ricos um dia foram pobres e descobriram o segredo para ficar rico. Se você quer seguir esse caminho então preste atenção no que fazer. Continue trabalhando bem como você já faz. Aprenda e economizar o seu dinheiro. E, por conseguinte, invista em sua educação e aprendizado. Os ricos são pessoas que não cansam de aprender. Os ricos não têm preguiça. Os ricos estão sempre lendo. Esse é um detalhe que muitas vezes não dizem para nós. Todos nós podemos ter uma vida melhor. A questão é que teremos que fazer um pouco mais do que a média das pessoas faz para chegarmos lá. Então, se tempo é dinheiro, temos que aprender a investir nosso tempo disponível em coisas que nos ajudarão a melhorar enquanto profissionais. E quanto mais você investir seu tempo e dinheiro em coisas que gosta de fazer, e que tem o potencial de lhe fazer ter um retorno futuro, melhor. Então, ao invés de ficar gastando o seu tempo em futebol, cerveja, cigarro, bugigangas, eletrônicos, e eletrodomésticos, que não são uma prioridade na sua vida, invista em cursos profissionalizantes e livros.

Para conseguir fazer isso, basta ver nas suas finanças quanto recebe por mês, e começar a economizar um valor nem que pequeno todos os meses. Se por acaso não sobra dinheiro, basta olhar com calma, botar no papel tudo o que gasta por mês e você descobrirá muitos pequenos detalhes que podem ser cortados, e que ao final do mês se tornarão, nem que sejam 50 reais, que você poderá começar a investir em algo importante para você. Quem sabe você pode investir esse valor todos os meses em uma conta de internet, que lhe permitirá estudar de graça pela web. Ou quem sabe, todos os meses, você poderá investir em um livro sobre algum tópico importante, ou até mesmo para fazer algum curso simples, sobre alguma nova técnica de trabalho. O importante aqui é colocar no papel todos os meses, todos os itens que você compra, e quanto você gasta em cada item. Isto lhe dará uma perspectiva de quanto vale o seu dinheiro e o seu trabalho, e ajudará a evitar que você chegue ao final do mês sem dinheiro na conta do banco. Com isso você poderá se programar para sempre chegar ao final do mês com dinheiro sobrando, e para acumular a cada mês um pouquinho mais.

Eu sempre tive um problema que talvez também acometa algum de vocês. Quando eu via alguma coisa que eu gostava, mesmo que fosse algo até importante, como um livro, ou algum material educativo, mas que minhas finanças não me permitiam comprar naquele momento, eu comprava impulsivamente mesmo assim. Eu não sei o que acontecia comigo, mas o fato é que eu não conseguia me controlar. Parecia que uma erupção vulcânica de vontade de comprar explodia dentro de mim, e que nenhum corpo de bombeiros seria capaz de aplacar aquela tragédia. Foi então que eu aprendi algo chamado de "período mandatório". Isso quer dizer que no momento que eu via algo que eu queria comprar, eu simplesmente não comprava. Simples assim. Eu podia ver um livro maravilhoso, mas eu simplesmente não comprava. O período mandatório significa um tempo que eu dou a mim mesmo para pensar se aquela compra é de fato necessária. Digo-te que em 100% das vezes em que eu fui embora sem adquirir o produto, eu acabei de fato desistindo completamente de comprá-lo, ou então eu conseguia de graça na internet, ou emprestado com algum amigo.

O mesmo se aplica para festas. Não existe maneira mais prática de colocar o dinheiro fora do que gastar muita grana em uma noite de farra. O pior de tudo é que é muito bom torrar dinheiro em festas. Então há a grande chance de uma noite de festa no mês, se tornar em uma festa a cada final de semana. E só quem já fez dessas sabe como isso é bom, e como isso acaba com as nossas condições financeiras. A verdade é que na vida a gente nunca pode fazer tudo o que a gente quer. Seja o rico ou o pobre, ele sempre vai ter que escolher entre as coisas que pode e que não pode fazer. Se optar por fazer tudo, logo se descobre que isso simplesmente não é possível. A dificuldade do pobre em deixar de ir a uma festa pode ser a mesma do rico em não comprar um helicóptero, porque não têm condições para aquilo. Não importa o quão rico se é, sempre haverá algo que a gente não pode comprar, e são aqueles que aprendem a conviver com isso que se tornam mais felizes, sendo rico ou pobre. Então acabamos percebendo que na verdade ser rico ou pobre não é uma questão de ter muito ou pouco, mas sim uma questão de sempre saber viver dentro dos seus limites de potencialidade. Bom, se essa ideia é a verdade, então eu posso dizer que eu sou uma pessoa muito rica, pois na minha conta sempre sobra algum dinheiro, e eu sempre consigo fazer tudo o que eu quero, porque eu sempre escolho fazer poucas coisas que estão dentro das minhas possibilidades. Eu escolho muitas vezes ficar em casa lendo ou recebendo meus amigos, onde todos ajudam a pagar o valor da carne que eu asso, ao invés de sair para uma balada, onde só vou gastar um dinheiro precioso, e não aprender absolutamente nada de importante. Mas quando eu saio para uma balada, eu aprendi a apreciar tal momento como algo especial, diferentemente de muitos que perderam a sensibilidade para apreciar aquele momento, pois de tanto viver aquilo, já perderam o encanto pelas festas. É claro que nada me impede de almejar mais. Entretanto, sempre que eu quiser mais, é importante que eu esteja financeiramente seguro para arcar com os meus desejos. E se por ventura eu não estiver, que eu saiba reduzir os meus desejos e manter a felicidade, ao contrário do que muitos fazem, aumentando muito seus desejos em detrimento da própria felicidade.

É melhor ser uma pessoa humilde que sabe o valor de um simples copo de água, do que um rico que não sabe apreciar uma taça de champanhe. E é, acima de tudo, muito valoroso ser um rico que anda de helicóptero, e que jamais perdeu a capacidade de saber valorizar a importância de cada centavo, e de um simples copo de água, pois é a água que traz vida e saúde, e não há bem mais valioso do que isso.

Saúde! Tim-tim.

NÃO RECLAME

É muito fácil reclamar dos problemas, difícil é encontrar soluções práticas para solucioná-los. É fácil estar na arquibancada xingando os jogadores que não estão jogando bem em uma partida de futebol; entretanto é muito mais complicado entrar em campo e marcar o gol que pode levar o mesmo time à vitória. É fácil condenar os maus resultados alcançados por uma decisão errada de seu colega de trabalho; contudo, é muito mais complicado se dispor a ajudar a corrigir a situação, mesmo que a responsabilidade nem seja sua. É muito confortável apontar todos os defeitos do seu chefe; no entanto, quão complicado não é olhar para nós mesmos e apontar apenas um que seja dos nossos tantos defeitos?

Temos o direito e devemos reclamar de tudo aquilo que nos desagrada. Absolutamente sim. O contraponto que quero fazer aqui é deixar bem claro que só isso nunca resolve nada. Não só isso, mas essa atitude é uma capacidade que qualquer ser humano possui. Agora, além de perceber o que está errado, reclamar, e ainda por cima encontrar uma solução, é uma característica de poucos. Não que todos não tenham a capacidade nem que mínima para solucionar os problemas, mas a verdade é que poucos o fazem. No entanto, isso não é de todo ruim. Pois pense bem, se poucos são aqueles que assumem a postura de encontrar soluções positivas, então essa situação dá espaço para que aqueles que estão dispostos a fazer diferente tenham muito espaço de atuação.

Muitos rapidamente se colocarão agora na posição de defesa, e dizer que nem sempre é possível resolver os problemas dos quais reclamamos. Entretanto, eu acredito que se você foi capaz de identificar um problema e reclamar a respeito dele, isso quer dizer que você tem sim de fato capacidade para pelo menos ajudar a encontrar uma solução, nem que mínima, para tal. Mas se mesmo assim esse não é o caso, então faça um bem a si mesmo, e pare de reclamar;

pois se reclamar não vai resolver, quem sabe essa concentração de energia negativa pode ainda por cima lhe trazer algum problema de saúde, e se antes você não era capaz de resolver aquele problema inicial que lhe incomodava, agora você terá que lidar com esse, e agora sem a desculpa de dizer que não tem influência sobre ele.

Longe de estar querendo desejar o mal de alguém, fato é que "o reclamão" é o tipo de pessoa que incomoda em um grupo de pessoas. "O reclamão" é aquele que até pode estar com a razão, mas que traz ao ambiente de trabalho uma energia negativa que pouco ajuda para melhorar qualquer situação difícil. Pior ainda é "o reclamão" de churrasco ou de festa de amigos. Mas vamos deixar essa situação de lado, para focar no que nos interessa, que é o ambiente empresarial. Então a primeira questão a se observar é a de não cair na armadilha de justamente ser o chato que só vê problemas. Eu mesmo muitas vezes caio nessa arapuca, e pior do que "negativizar" o ambiente em que eu estou, é transformar minha própria relação comigo mesmo em um convívio insuportável. Fato é que ninguém gosta de uma pessoa negativa. Faça o teste e pense em alguma pessoa que tem essa característica. Geralmente algum amigo próximo ou colega de trabalho é assim. Dessa pessoa sempre partirá algum comentário negativo inapropriado, que irá trazer qualquer ambiente descontraído ou de tentativa de solução de problema para um ambiente de preocupação. Não bastasse isso, o negativista tem a grande capacidade de influenciar pessoas ao seu redor.

É preciso ter muito cuidado para não levar a pessoa negativa a sério demais. Note que esse tipo de pessoa tem sempre um ar de importância e de muitas responsabilidades. Pois além de a mania de reclamar ser meramente um cacoete, essa ainda é uma atitude de preguiça velada em forma de preocupação com qualquer situação que seja. Digo preguiça, pois a pessoa que muito reclama, acaba que nada faz para mudar aquela situação, mas ela acaba gerando a falsa impressão de que está muito envolvida e atarefada com o problema. Não se deixe enganar, "o reclamão" negativista é a pessoa mais preguiçosa e descomprometida com a melhoria de qualquer problema que você pode conhecer.

Então, regra número um, não seja a pessoa que traz toda essa nuvem de negatividade para o ambiente de trabalho. E regra número dois, muito cuidado para não ser influenciado pelo negativista de plantão, pois uma de suas estratégias é estar sempre à procura de cúmplices na arte de falar e não fazer. Mas a regra mais importante de todas é a número três: seja aquele que encontra soluções para os problemas.

Se existe uma pessoa boa, com quem se deve procurar conviver, é a pessoa positiva, que sempre tenta encontrar alternativas para os problemas. Essa pessoa muitas vezes é a que mais problemas têm na empresa, mas é curiosamente a que menos demonstra. Isso acontece pois ela raramente fala de seus problemas. Ela gosta de ouvir, e sempre que possível, traz à mesa boas alternativas. O mundo pode estar desabando, mas essa pessoa ainda assim acha forças para passar por você no corredor e largar um bom dia acompanhado de um sorriso. Você sabe por que isso? Porque mesmo esse gesto simples já ajuda a melhorar as coisas. "O reclamão" é capaz de passar por você em um dia em que ele não está bem, e até mesmo nem sequer lhe olhar nos olhos. "O positivista" apesar de ter levado uma pechada no trânsito já logo cedo, mesmo assim irá lhe dar aquele caloroso olá, e provavelmente você apenas ficará sabendo que ele teve aquele percalço por meio de outras pessoas. Pense em pessoas do seu convívio que têm essa característica de positividade e de vontade constante de resolver os problemas. Não lhe veio automaticamente uma sensação de paz ao pensar nessa pessoa, tamanha a energia positiva que ela tem?

Se você pudesse comparar os dois tipos de pessoas, qual você diria que tem mais problemas e dificuldades de vida? Se você tem algum problema dentro da empresa, para qual você vai pedir ajuda? Se você fosse o chefe do seu setor, para qual você daria uma promoção? Qual você convidaria para almoçar? Mas a pergunta mais importante é: qual você prefere ser?

Veja bem. Diagnosticar um problema é fácil. Achar a solução para ele é difícil. Todos podem reclamar e todos podem resolver, acontece que a primeira opção é fácil; a segunda, geralmente mais difícil. Ou seja, resumindo a lógica: reclamar é para preguiçosos, resolver é para vencedores. Eu gosto muito de pensar no exemplo do Ronaldo Nazário, o camisa nove da seleção brasileira de futebol. Eu chego a me arrepiar em pensar na sua trajetória pela seleção. Em 1998, ele, juntamente com a equipe, perde a final da copa do mundo para a França. Durante todo o processo de preparação para a próxima copa do mundo ele tem vários percalços e lesões físicas seriíssimas no joelho, e ainda por cima passa por no mínimo duas cirurgias muito complexas. Qualquer ser humano nas mesmas condições teria todo o direito de jogar a toalha, e reclamar pelo resto da vida da infelicidade que a vida impôs sobre si. Entretanto, e aqui eu me arrepio ao relembrar, o Ronaldo nunca falou em desistir. Ele sempre lutou e fez tudo o que foi possível para jogar a próxima copa do mundo, em 2002. Resultado: ele e a equipe foram campeões do mundo. Que exemplo!

Você não precisa passar pelo que o Ronaldo passou, mas com o exemplo, você consegue compreender o que eu quero dizer. A maioria dos problemas têm uma solução, por mais difícil que seja, e se não têm, não há porque se estressar. A única forma de realmente não resolver é ficar reclamando. E sim, entrar em campo e jogar é muito mais difícil, mas aumenta em muito as chances de reverter qualquer placar negativo.

Portanto se você estiver disposto a crescer na vida e na sua carreira profissional, acredito que já tenha compreendido como se comportar. Isso nem sempre é fácil. Eu mesmo sempre me pego reclamando de coisas que não têm fundamento algum. Não devemos também cair no erro de esquecer que, acima de tudo, nós somos seres humanos sujeitos a falhas. Mas acima de tudo, é preciso sim caminhar firme em direção da correção. Então, você e eu, quando nos percebermos reclamando de algo, tenhamos a atitude de parar e pensar de que forma podemos contribuir para a melhoria daquela situação. Sempre podemos fazer algo, nem que por mínimo que seja. E se chegarmos à conclusão de que nada pode por nós ser feito, que saibamos então deixar esse assunto de lado e andar em frente, pois ficar ruminando a respeito de ideias negativas, que não podem ser solucionadas, acabam que atraem apenas resultados negativos sobre nós mesmos. E por falar nisso, cuidado com as companhias negativas que estão ao seu redor, elas podem estar disfarçadamente puxando você para baixo. Não permita que isso aconteça.

Desejo a você um trabalho cheio de positividades e com muitos desafios, para que você possa ser a luz que trará auxílio a quem estiver precisando.

SEJA UMA PRESENÇA
AGRADAVELMENTE NOTADA

Há pessoas que passaram pela minha vida profissional das quais eu lembro o nome e momentos bons até hoje. Há, entretanto, outros que as pessoas me falam a respeito e tenho que fazer um esforço imenso para lembrar quem são. Disto me resta apenas uma certeza: quando eu partir da empresa, quero ser lembrado pelos meus colegas. É claro que daqueles que são lembrados, há os que lembramos porque tiveram um tremendo impacto positivo, e aqueles que tiveram um impacto diametralmente oposto, de tão ruim que foram. Mas ainda assim, a memória daquele que foi carismático é mais forte. E pior do que ser lembrado por mal, é não ser lembrado de forma alguma. Ser insignificante é simplesmente um desperdício total de vida.

Comecemos do pior até chegar ao melhor para termos uma noção clara do impacto de cada vida. Existe em qualquer situação de vida aquela pessoa que vem e vai, mas que parece que nunca veio. Essa pessoa chega à empresa e sua presença é tão notada quanto um vaso de flor dentro de um armário. Há seres humanos que em vida são apáticos; incolores. Mas eles falam, e também ouvem. Mas fazem o mínimo. São o mínimo. Talvez até sofram; pior ainda seria se nem sequer sofressem. Se você forçar muito na memória, vai inclusive perceber que tem alguém aí perto de você trabalhando que é assim. Você já se esqueceu da pessoa antes mesmo de ela ter ido embora. A sinceridade me impede de ser brando. Há pessoas que simplesmente não acrescentam nada à vida, pessoas que não fazem falta, mas que pior, não fazem presença. Não preciso nem dizer para que você não seja assim. E se for, não haja como vítima, pois isso acontece com pessoas que não gostam de outras pessoas. Os apáticos não são coitados ou vulneráveis, eles são pessoas que não se importam com a vida de outas pessoas. Eles não estão preocupados com os outros, por isso ficam apáticos. Se você acha que sofre dessa doença silenciosa, a única forma de mudar é começando a participar mais da vida de outras pessoas. É começar a se importar com os problemas e dificuldades, e com as alegrias e conquistas, dos seus colegas de trabalho. Nada é tão devastador para as suas chances de crescer dentro de uma empresa, do que não ser notado. O ambiente de trabalho é um local de comprometimento, principalmente com o trabalho dos outros, acima do nosso próprio resultado, pois o desenvolvimento do outro é a base para o meu próprio crescimento. Se você não é capaz de se fazer notar por sua contribuição, então você é um desperdício de existência para si mesmo, pois sabe que dentro de si há um grande potencial, e não está o utilizando. E antes de se sentir ofendido com as minhas palavras, procure encará-las como um conselho amigo de chamada para a realidade. Autocomiseração é o pior sentimento que você pode alimentar a respeito de si mesmo, e pena é o pior sentimento que qualquer pessoa pode derramar sobre a sua vida. Minhas palavras podem ser rígidas, mas elas podem lhe ajudar a despertar. O silêncio do esquecimento daqueles que nunca lhe viram passar, jamais faria qualquer coisa para lhe ajudar.

Lamentavelmente, há outras pessoas que passam por nossa vida profissional que parecem nos fazer muito mal. Quem nunca pediu demissão porque não aguentava mais ver a cara de certas pessoas dentro da empresa? Eu certamente não culpo você por tomar essa atitude, afinal de contas, nesses casos, é uma questão de salvar o emprego ou a sua saúde. E convenhamos, esses vasos ruins parecem muito duros de quebrar. Essas pessoas insuportáveis parecem que, apesar de odiar o trabalho que fazem e as pessoas ao seu redor, mesmo assim têm uma energia e determinação inabaláveis para continuar importunando a vida das pessoas daquela empresa por muito tempo e com muita impetuosidade. Não só isso, mas dá a impressão de que muitas pessoas usam outras pessoas como degraus para chegar ao topo da empresa. Infortúnio daqueles que por ventura servem de degraus para essas pessoas. Pessoas ruins a esse nível com certeza são inesquecíveis. Eu aprendi ao longo da

SIGA O LÍDER (COMO SER UM ÓTIMO FUNCIONÁRIO, NUNCA SER DEMITIDO E CONQUISTAR TODAS AS PROMOÇÕES)

vida que apesar de elas parecerem fortes por fora, o que na verdade move a maldade que desferem contra todos é alguma tristeza ou desfortuna interna não muito profunda; uma olhada mais atenta e carinhosa logo identifica a vulnerabilidade; e que, enquanto para você, por ventura, é muito difícil conviver com tal personalidade por algumas horas por dia, com direito a férias e feriados longe dela, essa personalidade macabra, entretanto, é obrigada a conviver consigo própria por todo o tempo em que estiver viva, e sem direito a férias. Toda a amargura que uma pessoa ruim destila contra os outros, não é nada mais do que a infelicidade que reside dentro dela própria. Mas a verdade é que cobras venenosas não parecem ser afetadas pelo próprio veneno. Pobre de suas vítimas. Contudo, pessoas ruins têm uma importância muito grande em nossa carreira profissional. Elas são uma memória viva do mal que existe no mundo, e uma chance muito infeliz de praticarmos nossa musculatura emocional em circunstâncias profissionais difíceis que, inexoravelmente, serão parte de nossa evolução. Então, ao fim das contas, teremos duas opções: sermos ruins como elas, e usar o mal que nos é feito para fazer mal aos outros; ou então aprender com os erros dos outros para fazermos diferente e sermos, portanto, muito melhores, e sermos lembrados da forma que realmente importa.

Existem pessoas que vivem em minha memória e que chegam a despertar uma pontada de saudade só de pensar em seus nomes e rostos. Quanta energia positiva tais pessoas eram capazes de trazer a um ambiente de trabalho, que muitas vezes era estressante. Eram de tal nível positivas que eram capazes até mesmo de dar sentido para o trabalho de outras pessoas. Sua marca é capaz de ser tão poderosa, que mesmo pessoas que não as conheceram diretamente, são capazes de lembrar seus nomes e gestos de amor. Não que tenham sido perfeitas. Se eu forço minha memória, até consigo recordar um ou dois pontos negativos, mas isso serve apenas para elevar ainda mais a sua passagem pela empresa, pois revela o lado humano que existe neles. E o mais conveniente de tudo: se é bom estar da presença de pessoas positivas, então é óbvio que as empresas preferirão ter em sua folha de pagamento pessoas assim, nem que para isso tenham que pagar um pouco mais. Então, por que não ser extremamente "interesseiro" e não tirar vantagem dessa característica tão positiva e construtiva para todos?

Enquanto a primeira pessoa que citamos é um vaso de flores sem flores e sem vaso dentro da empresa; a segunda é um cachorro molhado, sujo, fedorento e com raiva na rua da sua casa; a terceira é como o sol quentinho nos dias de frio, quando não temos nada para fazer, em uma tarde de sábado. Sua presença é pura alegria. Sua ausência é tristeza, e sua memória é sempre saudosismo.

Em termos monetários o primeiro representa pouco e ganha pouco. O segundo pode ganhar muito, mas não vale tudo isso. E o terceiro, nem todo o dinheiro do mundo será capaz de pagar por tudo o que vale.

A questão toda não é nem o que você espera ganhar ou oferecer com cada tipo de personalidade que optar por viver, mas o que se tornará para você mesmo a partir de sua escolha. Não é nem uma questão do que os outros vão pensar de você e o quanto você pode conquistar em termos de benefícios profissionais, mas o que você colherá, pensando em termos pessoais, da pessoa que você se torna para conviver consigo mesmo.

Se eu não consigo esquecer a presença positiva daqueles que me fizeram tão bem, imagine você o quão saudável e bom é ser essa pessoa. A positividade que essa pessoa espalhou e deixou registrada em minha memória, deve acima de tudo, fazer muito bem a ela mesma. Aliás, acredito piamente que o bem que fazemos aos outros, primeira e ultimamente, atinge a nós mesmos. E essa não é uma característica fácil de ser maquiada ou fingida. A pessoa, ou é boa e consegue espalhar o bem; ou ela não durará muito tempo em sua interpretação. É claro que eu sei que muitas vezes os outros têm problemas pessoais, que as impedem de serem pessoas mais agradáveis. Fato é que esse é um círculo vicioso, onde uma situação ruim, resultante de uma ação negativa, gera outros resultados ainda piores, e tudo o que por ventura já não era bom, com certeza fica muito pior. E quantos não são aqueles que mesmo com o tanto de problemas que têm, ainda acham forças para serem pessoas que levam amor pelo mundo?

Eu não estou aqui para julgar nenhum comportamento. Fica neste capítulo apenas a observação de que, de fato, a vibração positiva atrai resultados excepcionais para a pessoa que a pratica. Uma situação ruim pode se tornar uma situação péssima quando o comportamento é negativo; e mesmo a pior situação pode ser amenizada por aquele, que dentro de si, nutre sentimentos de amor e positividade para com os outros. Eu, podendo escolher, quero sempre ser lembrado pela terceira pessoa que estudamos. Muitas vezes na minha vida eu acordo triste, o que é normal para todos nós, e se não for possível nesse dia mostrar o meu melhor, eu sei que o dia de amanhã sempre traz a oportunidade de levar o dobro de felicidade às pessoas que me cercam. Ninguém mais do que eu sei das minhas falhas e dificuldades, e por mais difícil que possa ser, eu escolho levar a positividade, e espero, quem sabe, poder ser lembrado pelo que fiz de bom.

Eu posso ainda não te conhecer, mas espero nunca esquecer as boas lembranças que você deixará depois de nos encontrarmos.

ACORDE ÀS CINCO DA MANHÃ

Se você quer crescer na vida terá que fazer muito mais do que já vem fazendo. Mas isso não é uma obrigação. Você pode simplesmente continuar na mesma vida, sem problemas. Agora, se você é daqueles que querem aproveitar ao máximo essa passagem pela terra, se é daqueles que não vai se dobrar facilmente para as dificuldades, então o jeito vai ser arregaçar as mangas, e botar o corpo para trabalhar, e sofrer até aprender a gostar de pagar o preço que se deve pagar para ser um vencedor. E para fazer isso, comece acordando às cinco da manhã todos os dias. Além disso, nunca chegue atrasado ao trabalho ou queimando o horário, não falte a não ser em caso de extrema necessidade, e jamais saia mais cedo do trabalho (a não ser que seja realmente preciso). Encare o trabalho como a sua obra de arte. Faça o seu melhor e obrigue as pessoas a reconhecerem o seu trabalho, não pela imposição, mas pela inegável qualidade do que você faz e de quem você é.

Existe um fato sobre o americano Michael Phelps, maior nadador da história do esporte, que diz que ele por cinco anos não tirou férias, não teve feriado, e nem mesmo teve final de semana. Por cinco anos ele treinou absolutamente todos os dias. Há o exemplo do também Americano Kelly Slater, 11 vezes campeão mundial de surfe. O segundo colocado no ranking histórico tem apenas cinco títulos, sendo que já se aposentou; e hoje competindo, a pessoa que mais chance tem de bater o Slater, tem apenas dois títulos, sendo que o Kelly até esse momento ainda não declarou sua aposentaria. Além de tudo, ele também foi o atleta mais jovem a ser campeão mundial e também o mais velho. E o que dizer que Kobe Bryant? Enquanto todos os atletas de elite profissional do basquete treinavam duas vezes por dia, ele treinava quatro. E o Ronaldo fenômeno, que não foi parado nem quando uma lesão grave no joelho teria colocado de molho qualquer outro mero mortal. Veja bem que todo ser humano tem mais do que o direito de não ser necessariamente excepcional naquilo que faz. Ninguém precisa ser o melhor do mundo. Entretanto, o fato mais curioso é que todos esses exemplos que citei, e todos os outros que poderia citar de atletas famosos, tratam-se 100% de pessoas de carne e osso como qualquer um de nós. Eles não nasceram com nada a mais nem a menos. Muitos deles, se formos estudar a história de vida, inclusive tinham tudo para não ser absolutamente nada na vida. No entanto, eles resolveram lutar. Eles optaram pela rota mais difícil. Eles decidiram massacrar o corpo e aniquilar a preguiça. Eles decidiram respirar a vida até o último espaço de ar que podia entrar em seus pulmões.

Acordar às cinco é apenas uma metáfora prática para mostrar que estamos dispostos a viver a vida em sua plenitude. Uma pessoa que ama a própria vida não vai achar difícil acordar cedo. Uma pessoa que sabe que irá acordar para fazer algo importante nas próximas horas do seu dia acordará a hora que bem achar melhor. Uma pessoa com vibração de vida tem domínio sobre seu próprio corpo. Pessoas fracas se deixam dominar pelas vontades baixas do corpo. Uma vez perguntado, se o momento da competição era muito difícil, o Usain Bolt respondeu que aquele era o momento mais fácil para ele, pois o momento difícil mesmo ele deixava para os treinos. Nos treinos ele disse que ele massacrava o próprio corpo, para que no momento da prova fosse apenas um rito de confirmação para provar aquilo que ele já sabia e tinha se preparado para ser: um campeão.

Cada dia da sua vida é o treinamento para determinar se você é o campeão ou o perdedor. A diferença é que na vida o seu único oponente é você mesmo. Mesmo que seus colegas de trabalho também deem o melhor deles isso não quer dizer que apenas um será o vencedor. Na vida prática, se todos fazem o seu melhor, todos vencem. Se você não faz o seu melhor, você só perde para você mesmo. A medalha de perdedor daquele que não faz o seu melhor é ter que olhar no espelho todos os dias e encarar os olhos da derrota. O troféu do campeão da vida é sentir motivação para levantar da cama todos os dias, bem cedo, tomar um banho, mesmo que lá fora esteja muito frio e a cama quentinha chamando para aproveitar um pouco mais. Entretanto, quem ama a vida e está disposto a ser um vencedor, jamais vai se entregar aos prazeres enfraquecedores da preguiça. Mesmo que seja final de semana ou férias, o vencedor tem a mesma fome de viver de quando precisa trabalhar. Você não deve acordar cedo porque deve acordar cedo, você deve acordar cedo porque escolheu assim fazer, e porque compreende a importância disso. Se você não tem forças para fazer isso é porque você está ficando em segundo lugar na corrida da vida para você mesmo. Você será o vice colocado em um pódio onde não haverá ninguém no pódio segurando o troféu de campeão.

O Rocky Balboa do filme disse que a vida vai bater com muita força. Ele disse a verdade. Aquilo é apenas um filme, mas ele reflete muito bem a verdade. A vida é duríssima. Ela bate com muita força. Em alguns essa coisa chamada vida bate forte a vida inteira todos os dias. Mas como ele bem disse no filme, o importante não é cair dez vezes, mas levantar onze. Ou melhor, levantar às cinco da manhã.

São todos os detalhes de nossa vida que irão determinar o nível de sucesso que teremos. Existem aquelas pessoas que todos os dias chegam queimando o horário no trabalho. Ou então, estão sempre cinco minutinhos atrasadas. O Usain Bolt é considerado o maior corredor de todos os tempos porque ele tem a capacidade de chegar apenas alguns milésimos de segundo à frente se seus competidores; então imagina o quão para trás cinco minutos de atraso não está sempre jogando essa pessoa que insiste em não se organizar para vencer essa corrida contra o tempo. A vitória é feita de detalhes, conquistados com muito suor, enquanto que a derrota é alcançada com muita facilidade e displicência.

Eu ouvi uma mensagem certa vez, em que o narrador dizia que era capaz de saber o nível de sucesso de uma pessoa, apenas ao pedir para que essa pessoa falasse sobre sua rotina de vida dentro de uma semana. Com base apenas em uma rápida explanação da rotina do indivíduo é possível saber o nível de sucesso que essa pessoa vai alcançar na vida. E isso é verdade. Existem pessoas que vão dizer que acordam muito cedo, preparam as crianças para ir à escola, chegam sempre pontualmente ao trabalho, após o trabalho estudam, voltam para casa, e estudam ainda mais. Repetem o mesmo processo a semana inteira. Aos finais de semana acham tempo para os filhos. Estudam para as provas da próxima semana. Leem livros. Acham, sabe-se lá como, ainda tempo para praticar algum esporte. E como se não bastasse tudo isso, ainda tratam bem as pessoas da empresa e da família, sempre com um sorriso no rosto. Que resultado será que essa pessoa terá em vida?

Enquanto outros irão lhe dizer que acordam todos os dias atrasados. Chegam à empresa atrasados. Precisam fazer hora extra não porque gostam de trabalhar, mas porque são desorganizados. Vão para casa assistir TV e lavar roupa. Em que parte da vida dessa pessoa você vê alguma perspectiva de sucesso? Eu não vejo nada. Veja bem que cada um tem o direito de escolher fazer de sua vida o que bem achar melhor. Todavia, compreenda que a vida não será nem um pouco mais fácil independente da escolha que se faça. Eu, com minha liberdade, opto pelo caminho mais difícil, pois sei que a recompensa é muito melhor.

Te vejo amanhã, às cinco da manhã. Mas se por acaso eu não acordei as cinco, é porque eu estava tão motivado que acordei às quatro.

TRABALHAR É MUITO BOM

O trabalho é uma boa desculpa que nós temos para visitarmos os nossos amigos todos os dias. O que eu mais sinto falta dos meus tempos de escola era poder encontrar os meus amigos todos os dias no recreio, e combinar com eles o que faríamos no final de semana. Hoje em dia, passado esse tempo de escola, alguns dos meus melhores amigos eu vejo no máximo uma vez por mês. Outros, é muito se eu vejo uma vez por ano. E a maioria eu nunca mais nem sequer tive notícias. Felizmente inventaram o trabalho e as empresas, e com isso agora eu tenho uma boa justificativa para encontrar todos os dias uma gama totalmente diferente de novos amigos. No fundo eu acredito que nós apenas inventamos essa coisa toda, muito séria de empresa e trabalho, apenas como uma boa desculpa para podermos estar em contato diário com outras pessoas. Pois se assim não fosse, ficaríamos em casa, e não estaríamos expostos a todo um mundo de possibilidades de conhecer novas pessoas tão diferentes daquelas do nosso círculo íntimo de amigos.

Todos nós levamos o trabalho muito a sério. Estressamo-nos muitas vezes com problemas muito pequenos. Perdemos a cabeça com alguns chefes e colegas. Quando na verdade, tudo o que tínhamos de fazer era, sempre que possível, curtir aqueles momentos que passamos com pessoas tão queridas, e que assim como nós, são cheias de defeitos e qualidades. Eu tive um querido colega de trabalho que sempre brincava dizendo que era mais feliz na empresa do que em casa. Havia muito de filosofia nessa frase brincalhona dele. A verdade era que, a observação que ele proferia, devia-se muito mais ao fato de ele transformar o ambiente de trabalho em um lugar prazeroso para todos, sem que ele se desse conta disso; e o fato de ele acreditar ser mais feliz ali, era pela simples razão de na empresa, ele ter muitas pessoas com quem compartilhar sua felicidade. Ele era um campeão em fazer do local de trabalho um lugar melhor para se estar.

Talvez em muitos momentos ao longo do livro eu tenha dado a impressão de estar apenas interessado em alcançar resultados monetários, ou talvez fui muito enfático na tentativa positiva de ajudar com minhas ideias e sugestões. Mas agora, com muito mais calma e certo alívio por ter conseguido chegar ao fim deste projeto, eu me dou conta, e faço questão de enfatizar, de que a minha principal intenção ao escrever este material era o de ajudar você, e a mim mesmo, a podermos criar um ambiente de trabalho muito melhor e mais agradável para todos. Eu tenho certeza de que você conseguirá alcançar uma qualidade de vida financeira muito feliz se seguir as dicas aqui propostas, mas acima de tudo, eu quero que você tenha uma vida profissional com um ambiente recheado de pessoas maravilhosas e ideias positivas. E que se, às vezes, as coisas não estiverem muito legais, que você encontre nesse material ideias, inspiração e força para ser o catalisador da mudança positiva de que o ambiente profissional precisa.

O local de trabalho, assim como a vida de forma geral, é um ambiente difícil. Nele teremos momentos muito bons, mas teremos acima de tudo muitos desafios. Encare a sua vida profissional como uma oportunidade de aprendizado pessoal. Esse aprendizado não é para os outros, é para você mesmo; é para mim. Nós temos muito a aprender, e nada melhor do que dentro de uma empresa. Faça desse local a sua segunda casa. Alguns chegam ao absurdo de fazer da empresa o primeiro lar, pois não pensam em outra coisa a não ser trabalho, não acho que precisemos chegar a esse ponto. Se conseguirmos fazer de nossa empresa uma segunda casa, já está muito melhor do que fazer do trabalho um inferno, por exemplo. Se você tem alguém que lhe incomoda demais dentro da empresa, ou que até mesmo lhe faz mal, tente por um segundo avaliar como está a vida daquela pessoa. Provavelmente nada bem. Pense no que você pode aprender com ela. Talvez até agora tenha faltado maturidade de sua parte para ir falar com ela e tentar resolver essa situação. Eis aqui uma grande chance de aprendizado para ambos. Na empresa, assim como na vida, ninguém é mais do que ninguém. Se você não está gostando de algo, nada lhe impede de conversar e buscar a solução por meio do diálogo. Chefes e gerentes adoram pessoas com atitude. E quem sabe eles estão esperando por uma mão de auxílio, que venha até eles e os ajude a corrigir alguma rota turva de suas formas de liderar? Ou quem sabe você esteja na dúvida quanto à forma como você conduz o próprio trabalho? Talvez nunca pensou sobre isso, tão preocupado que estava criticando e observando os erros de todos ao seu redor? Aprendi com um querido colega de trabalho, que, aliás, é um grande gerente e uma pessoa muito humilde, a arte de solicitar *feedback* ao chefe. Volta e meia ele chega ao supervisor dele, ou algum outro colega, e solicita um *feedback* sincero de pontos que poderia melhorar. Eis aqui um grande gesto de humildade e coragem: derrubar as próprias defesas e ser a iniciativa que solicita uma palavra de correção.

Não importa se a empresa vai bem ou se amanhã iremos todos embora porque a empresa vai quebrar, logo encontraremos outro emprego, ou criaremos uma nova empresa, com o único intuito de fazer de conta que somos pessoas importantes, produzindo produtos indispensáveis, ou entregando serviços imprescindíveis, quando na verdade, tudo o que queremos é uma desculpa esfarrapada para estar na presença desses seres tão complexos, lindos e incompreensíveis: nossos colegas de trabalho; nossos amigos.

Foi bom caminharmos juntos até aqui; agora é com você. Bom trabalho.

TENHA SEMPRE UM PLANO B

O que você faria se fosse demitido de seu emprego hoje? Ainda não tinha parado para pensar nisso? Já vinha pensando nisso há muito tempo, pois está com vontade de sair do atual emprego? Ficou com medo só de pensar na ideia? Não quer nem pensar nessa possibilidade? Ficaria feliz, pois assim pegaria seus direitos, e poderia tirar um tempo para descansar e não fazer nada? Eu hoje escrevo este livro porque esse era o meu plano B enquanto estava trabalhando em uma grande empresa, onde fazia aquilo que eu mais amava. Eu não queria sair da empresa, e fazia de tudo para que meu trabalho fosse reconhecido, mas no fundo eu sabia que uma crise poderia colocar tudo a perder. Então, antes de ser pego de surpresa pelo destino, eu me antecipei e preparei um plano B. Eu recomendo que você faça o mesmo, para não ser pego desprevenido.

O plano B que eu aqui proponho tem o intuito de gerar duas posturas muito claras. A primeira delas é muito óbvia, que é a de dar uma certa sensação de segurança para o caso de uma eventual demissão inesperada. A pessoa que já tem um plano B não trabalhará com a incerteza do dia seguinte. Isso lhe trará mais paz de espírito para desenvolver as atividades do dia-a-dia. Dentro da empresa onde eu trabalhava, e onde eu simplesmente amava de todo o coração o que eu fazia, pairava infelizmente sempre a certeza de que a qualquer momento eu poderia ser demitido; não por incompetência do trabalho que eu vinha desenvolvendo, ou pelo fato de a empresa não estar satisfeita com o meu trabalho; mas o fato é que o mercado profissional é muito incerto, especialmente o mercado em que atuávamos, e o trabalho que eu desenvolvia, que era o de dar aulas de Inglês dentro da empresa, era uma atividade dissonante das atividades produtivas daquela indústria. Então eu sabia que a qualquer momento o meu trabalho poderia ser colocado em cheque. A minha opção por um plano B era tirar um tempo para mim mesmo e para o meu aperfeiçoamento profissional, que há algum tempo deixara de lado, em virtude principalmente às dúvidas com relação ao que me dedicar em termos de aperfeiçoamento profissional. Concomitante a isso, eu tinha a ideia de escrever alguns livros, e sentir como eu me sairia nesse ambiente literário. Mas para isso eu precisaria de um tempo, que enquanto eu estava trabalhando para uma empresa, eu não tinha. Então, com o meu plano B definido, eu consegui tirar das minhas costas o peso da incerteza.

O segundo motivo para se ter um plano B é menos evidente, e diametralmente oposto ao que um plano B pode, em um primeiro momento, parecer representar para um profissional. Pois compreenda que enquanto que um plano B pode dar a impressão de que o profissional está pensando em deixar a empresa, ou ainda, reduzir o seu foco de empenho com relação ao plano A, que é a empresa para a qual o funcionário atualmente trabalha, na verdade isso não acontece. Com uma segunda opção de atividade, para o caso de uma demissão, o que acontece é que agora sim você pode focar com atenção total as suas energias de fato no seu plano A! Além do mais, algo muito importante acontece, e foi o que eu pude sentir na própria pele. Sem o medo da demissão fungando em nosso cangote, agora podemos nos dedicar ao trabalho sem a necessidade de agir pensando em defender o emprego, mas sim pensando em defender o melhor resultado para a empresa e para nós mesmos. Você compreende o que eu quero dizer? Quantas não são as pessoas dentro de uma empresa que agem pensando não no melhor para o grupo, mas no melhor para si mesmos, com o intuito não de fazer aquilo que por ventura traria melhores benefícios para a maioria, mas para a garantia da sua própria estabilidade profissional. Um exemplo disso são aqueles momentos em que precisamos dizer algo, ou tomar uma decisão, que apesar de ser a correta, pode colocar em cheque o nosso cargo. Quantos não são aqueles que têm medo de dizer a verdade ao seu chefe, com medo de perder o seu emprego, colocando em risco com isso até mesmo a sobrevivência da empresa? Quantos não são aqueles que têm medo de falar de números ruins, com receio de ser questionados, colocando, com essa atitude, em perigo muitas vezes o emprego de seus colegas de trabalho?

Fazer a coisa certa pode frequentemente colocá-lo em conflito com outros interesses, e isso pode ser arriscado para a garantia de seu trabalho. Pessoas com medo de ser demitidas acabam por vezes assumindo o papel de puxa sacos de seus chefes. A estratégia de quem quer garantir o trabalho, ao invés de garantir o bem do coletivo, pode gerar pessoas que fazem de tudo para se manter em algum cargo. Isso pode acontecer até mesmo de forma ingênua, e sem a intenção de prejudicar ninguém. Em alguns casos essa estratégia pode trazer danos para ninguém mais além de si mesmo.

Também pude ao longo de minha experiência profissional, presenciar aberrações do tipo ver pessoas que chegaram ao absurdo de trabalhar mais de 30 anos dentro da mesma instituição! Lembro-me de alguns casos inacreditáveis de pessoas que tinham 45 anos de "casa"! Por um lado, isso é um ponto de grande mérito para esses trabalhadores, mas por outro lado, também de grande desperdício de tempo. Trabalhar por tanto tempo para a mesma corporação tem a capacidade de atrofiar nossa capacidade de ver o horizonte e diferentes possibilidades. Afinal de contas, enquanto seres humanos, principalmente os do terceiro milênio, temos dentro de nós infinitas habilidades que podem ser desenvolvidas, e ficar tanto tempo sob o mesmo guarda-chuva pode nos fazer não perceber que já parou de chover há muito tempo, e que uma pele que não está acostumada com o sol, pode se queimar com muita facilidade. Nesse caso, a pessoa não vivenciou novas aventuras ou construiu novos aprendizados, e a empresa deixou de usufruir de novos conhecimentos que lhe ajudariam a atacar diversos problemas com novas ideias.

Ok. Eu compreendi. Mas no que consiste exatamente esse plano B ou essa alternativa? Ou melhor, como posso estabelecer essa opção? Antes de responder, vou brevemente resumir como eu apliquei essa ideia em minha experiência própria. Falo sobre essa experiência em outras partes do livro, mas é importante repeti-la para deixar clara a sua aplicabilidade. Resumindo. Eu trabalhava em uma indústria, mas eu não tinha ligação nenhuma com o produto produzido, pois eu era o professor de Inglês interno, contratado por essa empresa. Isso acontecia, pois essa indústria tinha relacionamento com empresas de outros países. Logo, seus funcionários precisavam estar aptos a relacionar-se diretamente com os profissionais das outras empresas utilizando o Inglês como linguagem de comunicação. Quando eu iniciei nessa atividade, eu calculava que não ficaria mais do que um ou dois anos nessa tarefa, pois eu conhecia a cultura dessa organização e achava difícil que esse tipo de situação pudesse perdurar por muito tempo, por mais que achasse interessante a ideia de dar aulas dentro da instituição. Fato é que, tanto a empresa como eu, gostamos muito um do outro e acabamos desenvolvendo um trabalho que perdurou por cinco anos, muito acima de minha expectativa mais positiva. Entretanto, a verdade era que, mesmo eu estando muito feliz com o meu trabalho, e percebendo a contrapartida satisfeita da administração, eu sabia que isso não poderia continuar e nem fazia sentido, pois o meu planejamento era o de entregar e finalizar o meu projeto de trabalho para que a empresa e as pessoas não precisassem mais depender do meu suporte. A organização e meus colegas de trabalho não poderiam ficar dependendo de um professor por mais muito tempo, eles teriam que aprender a andar com as próprias pernas em algum momento e isso implicaria na minha saída da empresa. E eu estava consciente e tranquilo quanto a isso. E justamente por isso, desde algum tempo, eu já vinha pensando em alternativas para a minha saída. Foi então que comecei a alimentar a ideia de escrever livros. No entanto, para começar, é preciso tempo para pensar, pesquisar e escrever. Foi então que eu decidi que se viesse a ser demitido da empresa, eu tiraria um período de experiência com a escrita e tentaria publicar alguns livros. O que aconteceria depois disso era um ponto de interrogação para mim. Primeiramente eu precisaria viver essa experiência e sentir como as situações se desencadeariam para, a partir daí, decidir se embarcava nesse mundo de escritor ou se voltava ao mundo corporativo.

SIGA O LÍDER (COMO SER UM ÓTIMO FUNCIONÁRIO,
NUNCA SER DEMITIDO E CONQUISTAR TODAS AS PROMOÇÕES)

Bom, basicamente falando, essa era a alternativa que eu tinha estabelecida para o caso de uma eventual demissão. Pode não parecer algo muito concreto, mas para mim era uma certeza muito grande que tinha a força de me dar segurança e tranquilidade diante de qualquer possível surpresa. E é basicamente isso o que eu estou sugerindo a você. Criar esse plano opcional não precisa necessariamente significar criar um plano de ação com começo, meio e fim totalmente desenvolvido; afinal de contas, a sua atenção ainda está voltada para o seu plano principal. Contudo, com a esquematização de um plano de suporte a sua vida ganha mais estabilidade. É por isso que não gostamos muito da ideia de pensar no futuro e nas possíveis tragédias (ou demissões) que podem acontecer, pois elas sacodem nossa estabilidade presente. Então acabamos evitando pensar e focamos apenas no presente, acabando muitas vezes sendo surpreendidos por um futuro trágico que poderia ter sido, se não evitado, pelo menos amenizado.

Já no seu caso é difícil dizer exatamente o que você deveria estabelecer como plano paralelo. Eu não gostaria de forma alguma que a partir de agora você começasse a se preocupara com uma possível demissão, e trouxesse para a sua vida uma ansiedade que antes não existia. O que eu quero é justamente o contrário. Eu quero que você encontre conforto na consciência de que sempre existem possibilidades, e que é muito mais fácil pensar nelas no conforto de uma situação segura, do que em um momento em que vivemos uma instabilidade existencial. Então eu recomendo a você pensar em alternativas ao seu trabalho, que envolvam atividades que você gostaria muito de realizar; atividades que lhe proporcionassem muito prazer. Foi isso o que eu fiz, eu escolhi uma atividade que eu sabia ter tudo a ver comigo. Eu sempre fui incentivado pela minha mãe a escrever, então essa era uma habilidade que já tinha sido despertada em mim e na qual eu me via 100% desenvolvendo como forma de vida. Por isso eu recomendo a você pensar da mesma forma. Tente se imaginar fazendo uma atividade que você ama e como seria passar a colher o seu rendimento financeiro por meio dessa atividade. Com essa ideia em mente, talvez você possa se inscrever em algum curso, que possa lhe dar mais ferramentas para ir aos poucos desenvolvendo essa habilidade. Ou talvez você possa começar a separar um tempo da sua vida para ir paulatinamente melhorando e sentindo a sua afinidade com essa área. Como você está empregado, pensar nessas possibilidades se torna prazeroso, e quem sabe você até consiga criar um projeto completo que estará apenas aguardando o momento certo para ser colocado em prática. Tente imaginar como seria difícil desenvolver essa ideia se você já estivesse desempregado. Se você estivesse desempregado, com certeza você estaria muito nervoso e ansioso, pensando nas contas que precisaria pagar, além de estar tentando conseguir um novo emprego a qualquer custo. Mas se esse for apenas um plano B, dentro do projeto principal de trabalho, não será difícil pensar em possibilidades com uma mente tranquila.

Eu ouvi certa feita de uma professora na universidade, que o certo seria ficarmos no máximo cinco anos trabalhando em um mesmo setor ou mesmo negócio. No passado era motivo de honra trabalhar muitos anos com o mesmo registro de carteira de trabalho. No entanto, com as novas relações de trabalho e as novas exigências do mercado isso pode se tornar um fator de desvantagem tanto para empresa quanto para o profissional. É importante, para ambos, uma circulação pelo mercado de trabalho, para saber o que está acontecendo, em que áreas de nossa capacitação podemos melhorar e que novos desafios estamos dispostos a enfrentar. Parte dessa mesma teoria diz que, hoje em dia, as empresas preferem profissionais com uma carteira de trabalho mais rodada, e ainda por cima se sentem muito confortáveis em receber ex-colaboradores para voltarem a trabalhar para a mesma instituição. Com as novas relações de emprego, nada impede que você saia da empresa que você hoje representa e ir ao mercado buscar novas experiências e qualificações, e voltar no futuro a essa mesma empresa com uma bagagem de potencial de contribuição muito mais volumosa do que tinha quando saiu. Para ser sincero, além de meu plano B, para o caso de ser demitido, confesso que também sempre tive um plano C, que era o de, em algum momento, poder voltar a essa empresa da qual fui demitido e com minhas novas experiências poder contribuir de alguma outra forma a gerar resultados positivos para ela e para meus colegas.

Compreenda nitidamente que a opção para o caso de uma eventual demissão, não tem o intuito de tirar o foco de sua atenção da sua atual atividade de trabalho. Muito pelo contrário, quero que com isso você se sinta mais confiante a dar 100% da sua potencialidade pela atividade que você já tem garantida em suas mãos. E que, como eu disse, acima de tudo, com essa confiança, você possa tomar as decisões que de fato tragam resultados lucrativos para a empresa, seus colegas e você. Foi essa convicção que me fez, em uma reunião, dizer a meu chefe que se fosse necessário me demitir, se dessa forma eu pudesse de algum jeito contribuir com a empresa, que assim fosse feito. Eu disse isso com a convicção de alguém que não tem medo de dizer o que precisa ser dito, tomar a decisão que precisa ser tomada e, principalmente, com a compreensão de que eu queria estar na empresa por mérito, não por necessidade e muito menos precisando puxar o saco de ninguém para garantir o meu trabalho. Estabelecer um plano B para uma eventual surpresa nos dá essa intrepidez, que nos faz tomar decisões grandiosas e importantes, que muitas pessoas em muitos casos acabam tendo muito medo de tomar. O medo dentro de uma empresa pode ser um fator crítico que pode levar muitas empresas ao fracasso. A coragem e a intrepidez são os fatores número um que fazem uma empresa atravessar desafios e crises. Agir com medo e vontade de garantir o emprego são os caminhos mais curtos para a falência, e que infelizmente até podem garantir o bolso recheado de alguns interesseiros.

O plano B poderia ser pensado para qualquer área da sua vida, mas por motivos óbvios, aqui pensamos e focamos apenas no lado profissional da questão. Mas você também poderia aplicar essa ideia, por exemplo, quando você prepara uma viagem, ou dentro de um relacionamento. Sim, até mesmo em um relacionamento. Não gostamos de pensar nisso, mas o que aconteceria com a sua vida se a sua atual companhia amorosa decidisse terminar com você; o que você faria? Ou o que você mudaria hoje na sua vida para evitar que tragédias como essas afetem sua estabilidade de forma negativamente muito impactante? Pensar no futuro faz com que mudemos nossa postura no presente para melhor.

Estabeleça um plano B e foque 100% em seu plano A!

TER CARÁTER

De tudo o que conversamos até agora, deixamos o mais importante por último. Não só isso, deixamos por último aquilo que não lhe garantirá nada do que foi prometido antes. Ter caráter não é garantia de nada. Não garante aumento de salário, não justifica promoção, e nem mesmo elogios. Não garante absolutamente nada. Entretanto, nós temos consciência de que se existe um item em nossa sacola de compras das experiências da vida do qual não abriremos mão, esse item é o nosso caráter. Se eu tivesse que escolher apenas um pensamento, dentre tudo o que eu disse até agora, ele seria o caráter. É preferível ter todos os defeitos do mundo, mas mesmo assim ser uma pessoa de caráter, do que conquistar tudo que o mundo tem para oferecer, mas ter que abrir mão desse valor. A única vantagem que alguém de caráter tem, é poder dormir bem à noite. Quem alimenta essa qualidade, nunca precisará se envergonhar de nada nessa vida. É fácil ver pessoas que alcançam o topo da montanha das conquistas, mas que há muito tempo abdicaram de viver uma vida de princípios. Sinta-se à vontade para fazer assim, eu de minha parte, não quero.

Ter caráter não significa nunca errar; mas quando errar, admitir. Alimentar essa qualidade não significa nunca cometer uma infração, mas assumir as consequências. Quantos não são os políticos que são pegos em corrupção, e que nunca admitem o seu crime, e nem sequer pedem desculpas. Há aqui a total falta de caráter, misturada com uma dose elevada de covardia. Pessoas de caráter dão muitas vezes a impressão de serem pessoas humildes e fracas. Eis aqui uma das grandes ilusões da vida. Só quem já cometeu um erro crasso, e teve a coragem de admiti-lo, independente das consequências, sabe da força que é preciso puxar lá do fundo do nosso ego para fazer a coisa certa. Não estou falando daqueles casos em que não tínhamos outra alternativa, pois fomos pegos em flagrante; estou falando daqueles momentos em que não conseguiríamos conviver com o erro, tivemos a opção de esconder, mas decidimos revelar a nossa falha. Nessa atitude há verdadeira força. Colher os louros dos aplausos e das vitórias é muito fácil e prazeroso. Vestir a camisa da derrota e da humilhação com humildade é um verdadeiro gesto de campeão.

Por falar nisso, é de minha teoria que a única forma de saber se uma pessoa é de fato uma vencedora, é perceber sua reação em um momento de grande derrota pessoal. É apenas quando a pessoa não tem nada do que se vangloriar que ela revela quem realmente é. É claro que todos querem ganhar o título de campeão. Mas a verdadeira força reside naquele que, mesmo tendo feito o seu melhor e perdido, consegue ainda assim manter a postura de campeão e seus valores inabalados.

Ter caráter não é um desses valores que recebem aplausos. Galgar degraus em uma empresa e comprar carros de luxo garante muito mais reconhecimento do que uma personalidade íntegra. Entretanto, lhe garanto que o verdadeiro rico é aquele que pode se orgulhar de quem ele é, e não daquilo que tem. Aliás, tenha sempre muito cuidado mesmo que você alcance o topo através do trabalho digno, pois o topo é ilusório. Nenhum ser humano é de fato digno de qualquer medalha. Todos nós somos na verdade meramente seres humanos. O que é comum a todos nós são as nossas falhas. E lá no fundo todos sabemos disso, mas fazemos de conta que alguns são melhores do que outros. Infeliz daqueles que acreditam nisso. É muito bom crescer na carreira profissional. Não há nada tão prazeroso quanto "ganhar muito dinheiro". Eu desejo de coração que cada um de vocês e de meus colegas sempre conquiste o que há de melhor. Mas acima de tudo, eu quero que cada um de nós possa sempre dormir bem à noite, por ter certeza de fazer as escolhas certas na vida. Vale mais a pena abdicar de um salário pomposo, quando isso exige de nós ações das quais por ventura possamos nos envergonhar, e viver na humildade, mas sempre poder olhar as pessoas nos olhos.

Não se engane. É muito bonito eu escrever sobre isso. Entretanto, é muito difícil no cotidiano ficar firme, mesmo naquelas convicções que me são mais caras. A vida é cheia de armadilhas perigosas. É fácil cair nelas. Não há problema em cair. O caráter nos ajuda a levantar e corrigir nossos erros. Entretanto, é vergonhoso cair no chão e passar a rastejar como as cobras. O veneno delas pode matar mesmo animais muito maiores e fortes, entretanto elas nunca poderão abraçar ninguém. Elas podem ser belas por fora, mas por dentro delas corre veneno. As cobras exalam poder sim, mas não se iluda, elas nunca andarão com as próprias pernas.

Desejo a você uma boa noite de sono.

MEUS LÍDERES:

Adão e Lúcia (Pai e Mãe)

Tia Loiva (Amiga)

Mateus Herrmann (Amigo e Empreendedor)

Lori Sinval da Silva (Empreendedor)

Olegário Trott (Empreendedor)

Ricardo Gross (Gerente)

Gilson Baum (Mentor e Amigo)

Eduardo Kayser (*Personal Coach*)

Cristiane Froehlich (Professora)

Faber Becker (Diretor de Escola)

Neusa Baptistelli (Amiga e Conselheira)

Devanir Pizzo (Mentor)

Elton Vilanova (Gestor)

Emerson Barbosa (Mentor, Gestor e Tenente)

Esses são os principais líderes que de uma forma ou de outra me ajudaram a ser uma pessoa melhor. Alguns deles talvez nem saibam, mas de todos eles eu pude tirar algum aprendizado, que levo comigo até hoje. O que os fez entrar na minha lista de líderes foi o fato de terem: ou me desafiado a ser uma pessoa melhor; ou ter depositado confiança absoluta em meu trabalho. Líderes não são pessoas que sempre dizem aquilo que gostaríamos de ouvir, mas aqueles que sempre nos mostram o que precisamos compreender, independente de gostarmos ou não. E para você, quem são as pessoas de seu convívio que você considera líderes? Quem são as pessoas que lhe ajudam a ser alguém melhor? Quem são as pessoas que nem sempre são agradáveis, mas que sempre querem o seu melhor? Aprenda a reconhecê-las e tirar proveito das lições que elas têm a lhe oferecer, sem se ofender quando elas parecerem rudes, e com certeza você irá muito longe em sua carreira profissional. Preencha a sua própria lista com pelo menos cinco nomes:

1._____

2._____

3._____

4._____

5._____

E siga os passos de seus próprios líderes.